数字经济创新驱动与技术赋能丛书

数字化转型实战指南

王光鑫　刘思洁 / 编著

机械工业出版社
CHINA MACHINE PRESS

本书以数字化转型为基础，介绍与其相关的诸多方面，如数字经济、数字化转型技术基础、数字化转型行动路线图，并罗列其对企业战略、行政管理、采购、财务、运营、供应链、C 端等商业环节的赋能情况，循序渐进地揭示了数字化转型的知识、方法和技巧。此外，本书深入分析了华为、中石化、爱驰汽车、宝洁、7FRESH 等典型案例，希望可以帮助企业在新时代获得爆发式成长。

本书融合了笔者的知识积累和实践经验，适合企业管理者、创业者等关注数字化转型的读者阅读。

图书在版编目（CIP）数据

数字化转型实战指南 / 王光鑫，刘思洁编著．— 北京：机械工业出版社，2022.2

（数字经济创新驱动与技术赋能丛书）

ISBN 978-7-111-61270-4

Ⅰ.①数… Ⅱ.①王… ②刘… Ⅲ.①信息经济-指南 Ⅳ.①F49-62

中国版本图书馆 CIP 数据核字（2022）第 025176 号

机械工业出版社（北京市百万庄大街 22 号　邮政编码 100037）
策划编辑：李晓波　　责任编辑：李晓波
责任校对：张艳霞　　责任印制：李　昂

北京圣夫亚美印刷有限公司印刷

2022 年 3 月第 1 版·第 1 次印刷
184mm×240mm·13.75 印张·339 千字
标准书号：ISBN 978-7-111-61270-4
定价：89.00 元

电话服务　　　　　　　　　　网络服务
客服电话：010-88361066　　　机　工　官　网：www.cmpbook.com
　　　　　010-88379833　　　机　工　官　博：weibo.com/cmp1952
　　　　　010-68326294　　　金　书　网：www.golden-book.com
封底无防伪标均为盗版　　　　机工教育服务网：www.cmpedu.com

前言

如今，全球经济的增长速度放缓，我国经济的发展也从高速增长阶段向高质量发展阶段迈进。在这个时代背景下，实体经济面临的压力比以往更大，实体产业也迫切需要寻找新的发展模式。

据工业和信息化部统计，目前中小型企业的数量约为企业总数的99%以上，那些不想转型、没有转型能力、不知道该如何转型的企业不胜枚举。本书针对这个痛点，全面、系统地讲述如何改造企业基因，让数字技术成为企业走上创新驱动之路的重要动力。

随着数字技术的迅猛发展，传统的产业结构受到了前所未有的冲击。在数字经济时代，企业的数字化水平越高，制定的发展战略就越精准，越能在激烈的市场竞争中实现基业长青。优秀的企业管理者更应该借此机会实现经营模式的数字化，全面提高企业的发展潜能。

本书以如何实现数字化转型为核心，分为方法路径篇与案例实战篇两大部分。在方法路径篇中，笔者针对数字时代、体系布局、技术基础、行动路线等相关问题进行了全方位的解答；在案例实战篇中，则详细阐述了行政、采购、财务、运营、供应链、营销等具体的业务环节。

笔者将自身的知识积累和多年的实践经验，浓缩成这本书，奉献给每一位读者。本书不仅选取了许多具有代表性的案例，实现了理论、实例、方法论的有机结合，还以诙谐浅显的语言进行深入浅出的讲解，并配有精心制作的图表，使读者可以轻松地理解和掌握案例背后的逻辑与技巧。

通过本书的学习，读者可以熟悉如何为企业建立完善的数字化管理机制，

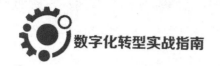

掌握数字化转型的实现技巧，提升企业的市场响应能力。建议读者根据企业的经营情况及需要选择最想突破或最薄弱的环节作为切入点进行学习；再由学习的突破点延伸，找到适合自己的流程线；最后全面掌握企业数字化转型的精要。

祝读者朋友能够学以致用，尽快实现企业的数字化转型。由于笔者水平有限，书中难免有不足之处，欢迎广大读者批评指正。

目录

前言

方法路径篇

第1章　数字化时代已经到来 2
  1.1 蓬勃兴起的数字经济 2
    1.1.1 数字经济与实体经济 2
    1.1.2 数字经济——经济发展新引擎 3
    1.1.3 数字经济引爆智能革命 4
    1.1.4 数字化转型引领未来 5
  1.2 数字化时代的变革 6
    1.2.1 数字化进程不断加速 7
    1.2.2 企业创新：平台化趋势显著 8
    1.2.3 社区电商与社交电商崛起 8
    1.2.4 数字化时代对需求端的变革 10
  1.3 破解数字化焦虑的方法 11
    1.3.1 正确理解"要么数字化，要么被淘汰" 11
    1.3.2 对数字化 MAX 成熟度进行测试 12
    1.3.3 数字化与信息化有何区别 15
    1.3.4 让协同效应发挥作用 17
  1.4 抓住数字化转型的机遇 18
    1.4.1 认识数字化转型的价值 18
    1.4.2 警惕数字化转型的4个陷阱 19
    1.4.3 共生型组织势不可挡 21
    1.4.4 金融行业：从竞争到合作 21

第2章　数字化转型布局体系 23
  2.1 我国积极推进数字化转型 23
    2.1.1 政府为数字化转型制定政策 23
    2.1.2 建立一体化推进机制 24
    2.1.3 新基建与共享经济 25
    2.1.4 为数字化转型营造有利环境 26
  2.2 关键领域的数字化转型 27
    2.2.1 制造领域致力于智能生产 27
    2.2.2 零售领域打造快速响应能力 28
    2.2.3 电子领域提升产品的自动化水平 30

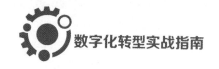

2.2.4 互联网领域不断夯实技术基础 ……………………………31
2.2.5 特步：数字化时代的全渠道策略 ……………………………32

2.3 企业对数字化转型的布局 …32
 2.3.1 先从沉淀数据做起 ………33
 2.3.2 不同企业的数字化转型时间…34
 2.3.3 品牌形象数字化加速传播…34
 2.3.4 创新消费体验，双向共赢…36
 2.3.5 Nike的数字化转型之道 …37

2.4 数字化转型的配套措施 ……38
 2.4.1 愿景、使命、核心价值观 …38
 2.4.2 领导力：管理者必须能创新 ……………………………40

第3章 数字化转型技术基础 …42

3.1 数字化转型与大数据 ………42
 3.1.1 大数据的商业价值 ………42
 3.1.2 企业如何应用大数据 ……44
 3.1.3 数据仓库与立体数据模型…45

3.2 数字化转型与人工智能 ……46
 3.2.1 人工智能发展阶段与分类…47
 3.2.2 5G与人工智能结合 ……48
 3.2.3 人工智能在数字化转型中的应用 ……………………………49
 3.2.4 智能时代，企业如何制定战略…51

3.3 数字化转型与云计算 ………52
 3.3.1 云计算有广阔的发展空间…52
 3.3.2 数字化时代的业务必须上云…53
 3.3.3 华为云入驻良品铺子一体化平台 ……………………………55

3.4 数字化转型与物联网 ………56
 3.4.1 万物互联真正实现了吗 …56
 3.4.2 物联网平台有什么作用 …57
 3.4.3 基于传感器的物联网支付方案 ……………………………58

3.5 数字化转型与区块链 ………59
 3.5.1 区块链的本质是分布式账本…59
 3.5.2 借区块链打造信任 ………60
 3.5.3 区块链与供应链的"碰撞"…61

第4章 数字化转型行动路线图 …63

4.1 为什么要进行数字化转型 …63
 4.1.1 供需出现差异，消费持续升级 ……………………………63
 4.1.2 生态环境保护成为当务之急…64
 4.1.3 思维转变：开放共享是"主旋律" ……………………65

4.2 数字化转型从战略规划开始 ············ 65
  4.2.1 制定企业的数字化战略 ······ 66
  4.2.2 抓住数字化转型时机 ········ 67
  4.2.3 "从上到下"与"从点到面"一把抓 ············ 68
  4.2.4 切勿一味地模仿互联网企业 ··· 69
  4.2.5 中国石化打造功能众多的易派客 ············ 70

4.3 生态创新助力数字化转型 ············ 71
  4.3.1 适合新时代的智能生态 ····· 71
  4.3.2 与合作伙伴共建生态 ········ 73
  4.3.3 美年大健康打造开放平台 ··· 73

4.4 提升数字化能力 ············ 74
  4.4.1 如何衡量企业的数字化能力 ··· 74
  4.4.2 数字化能力的3个层次 ······ 76

4.5 建立数字化转型团队 ············ 77
  4.5.1 董事会在数字化转型中的角色 ············ 77
  4.5.2 CEO如何促进数字化转型 ··· 78
  4.5.3 打造数字化人才库 ············ 79

第5章 产业互联网与中台建设 ············ 81

5.1 产业互联网是高级的数字化转型 ············ 81
  5.1.1 何为产业互联网 ············ 81
  5.1.2 产业互联网的社会使命 ····· 82
  5.1.3 如何建立产业互联网 ········ 83

5.2 数字化转型离不开中台建设 ········ 84
  5.2.1 中台到底是什么 ············ 84
  5.2.2 数据中台、技术中台与业务中台 ············ 86
  5.2.3 中台建设的3个原则 ········ 89

5.3 产业互联网与中台建设案例 ············ 90
  5.3.1 影子科技打造产业互联网平台 ············ 90
  5.3.2 爱驰汽车的中台建设 ········ 91
  5.3.3 地产企业的双中台战略 ····· 92

案例实战篇

第6章 战略数字化扩展企业成长空间 ············ 95

6.1 商业模式可视化：创新经营思路 ············ 95

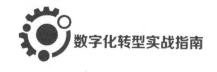

  6.1.1 商业模式与企业实力有何关系 ………………………… 95

  6.1.2 必备工具：商业模式画布 … 96

  6.1.3 根据用户价值设计商业模式 … 98

6.2 数字化时代，商业模式需要重组 ……………………………… 99

  6.2.1 基于流量的商业模式是如何没落的 ………………………… 99

  6.2.2 IP商业化=人格认同+质量保证+自带流量 …………… 100

  6.2.3 以"免费"为核心的商业模式 ……………………………… 101

  6.2.4 拼多多：数字化商业模式展威力 ………………………… 102

6.3 简化盈利模式是企业的重要任务 ……………………………… 103

  6.3.1 效益提升30%与300%，哪个更容易 …………………… 103

  6.3.2 创新盈利模式的元素 …… 104

  6.3.3 关注股东利益与用户价值 … 105

  6.3.4 打造多频化与多元化收入 … 106

  6.3.5 轻资产模式更符合现代社会 ………………………………… 108

6.4 改造现有业务体系 ………… 109

  6.4.1 坚持核心业务不动摇 …… 110

  6.4.2 把利益相关者整合到一起 … 110

  6.4.3 "三步法"助力企业优化业务 … 111

第7章 行政管理数字化成就高绩效 ……………………………… 113

7.1 数字化时代的组织变革 …… 113

  7.1.1 组织如何变革 …………… 113

  7.1.2 培养高响应力组织 ……… 114

  7.1.3 海尔的组织转型方案 …… 116

7.2 从控制型文化到赋能型文化 ……………………………… 118

  7.2.1 根据企业的战略设置愿景 … 118

  7.2.2 年轻的员工更喜欢OKR … 119

  7.2.3 连接业务部门与技术部门 … 121

  7.2.4 奈飞如何打造文化 ……… 121

7.3 企业重构办公空间 ………… 123

  7.3.1 数字化办公空间的优势 … 123

  7.3.2 打造敏捷的ICT基础设施 … 124

  7.3.3 引进现代化的沟通与协作工具 ……………………………… 125

  7.3.4 智能终端使办公空间可移动 … 127

7.4 出差管理要适应数字化转型 … 128

7.4.1 通过寄存账户掌握出行数据……128

7.4.2 简化员工的报销流程……129

第8章 采购数字化驱动协同共享……131

8.1 数字化是采购3.0的基础……131

8.1.1 从采购1.0到采购3.0……131

8.1.2 做数字化采购的3个前提……133

8.1.3 实现数字化采购的5个要点……134

8.2 数字化时代的新型采购……135

8.2.1 共享采购促进资源的社会化交换……135

8.2.2 集中采购将职能进一步细分……136

8.2.3 某企业的采购共享方案……137

8.3 数字化贯穿采购流程……138

8.3.1 重新定位采购功能……138

8.3.2 收集数据，做精准的采购决策……140

8.3.3 用FMEA控制采购风险……140

第9章 财务数字化助力财税创新……142

9.1 走向数字化的财务……142

9.1.1 财务实施数字化转型的必然性……142

9.1.2 财务的数字化转型有何难点……143

9.1.3 如何做好财务的数字化转型……144

9.2 数字化财务的核心是共享……146

9.2.1 财务共享的发展趋势……146

9.2.2 打造财务共享平台……147

9.2.3 现代化的财务模型……149

9.3 数字化转型之税务变革……151

9.3.1 无纸化的入账流程……152

9.3.2 数字化时代的税金管理……153

9.3.3 OCR扫描与电子发票……154

第10章 运营数字化变革获客流程……156

10.1 变革产品的生产过程……156

10.1.1 从"产品→用户"到"用户→产品"……156

10.1.2 波士顿矩阵助力产品布局优化……157

10.1.3 价格设计先于产品设计的家居企业……160

10.2 重组企业的生产模式……161

10.2.1 普通工厂→未来工厂……161

10.2.2 新生产模式的3大领先策略……162

10.2.3 引入云系统，实现操作智能化 …… 164
10.2.4 奇妙的犀牛工厂 …… 166

10.3 数字化时代，零售有新玩法 …… 167

10.3.1 自动化滞销处理，轻松找到"问题产品" …… 167
10.3.2 引进虚拟现实等数字化技术 …… 168
10.3.3 新型零售模型：心路历程形象化 …… 169
10.3.4 大力发展无人零售 …… 171
10.3.5 小米的"爆款"是怎么出来的 …… 172

10.4 营销转型持续释放新动能 …… 173

10.4.1 从入口思维到全触点营销 …… 173
10.4.2 7步完成先进的移动营销 …… 174
10.4.3 竖屏视频与MG动画大行其道 …… 176
10.4.4 麦当劳的独家定制模式 …… 178

第11章 供应链数字化实现流通新模式 …… 179

11.1 企业的供应链之殇 …… 179

11.1.1 需求的快速变化与不确定性 …… 179
11.1.2 预测与响应能力亟待提高 …… 180

11.2 如何实现供应链的数字化转型 …… 182

11.2.1 建立补货模型，实现智能补货 …… 182
11.2.2 使用灵活多变的动态运输网络 …… 183
11.2.3 协同的数字化系统 …… 184
11.2.4 打通上下游企业 …… 185

11.3 供应链的数字化转型案例 …… 186

11.3.1 宜家家居从设计模块化入手 …… 186
11.3.2 华为打造"以用户为中心"的供应链 …… 188
11.3.3 宝洁提出"千场千链"的构想 …… 189

第12章 C端数字化赋能渠道与服务 …… 191

12.1 创新渠道，精准触达C端 …… 191

12.1.1 反应快、碎片化的前端渠道 …… 191
12.1.2 "种草""拔草"的内容渠道 …… 192

- 12.1.3 直播成为火爆的渠道……194
- 12.1.4 技术型广告变革推广渠道……195
- 12.1.5 如何建立泛渠道……196

12.2 变革服务，为C端提供极致体验……197

- 12.2.1 个性化服务要精准识别用户身份……197
- 12.2.2 大数据让"买买买"更精准……198
- 12.2.3 远程实时服务成为现实……199
- 12.2.4 打通会员体系……200
- 12.2.5 智能化的售后服务……202

12.3 C端的数字化转型案例……203

- 12.3.1 奈斯派索使用并整合系列渠道……203
- 12.3.2 7 FRESH 培养全新的付款习惯……204
- 12.3.3 快闪店实现"即看即买"……205
- 12.3.4 得物App升级"他经济"……207

方法路径篇

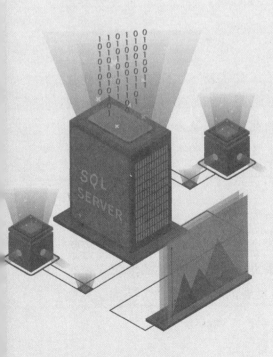

第 1 章 数字化时代已经到来

2020年11月在AspenCore公司举办的"全球分销与供应链领袖峰会"上，Sourceability亚太区执行总经理王震旻对数字化给予了极高的评价："在这个时代，数字化一切和数字化转型是大势所趋，所有行业，包括供应链在内，要么数字化，要么被淘汰。"

互联网技术的全覆盖改变了大家的生活方式，同样也改变了企业的发展方向。数字化逐渐渗透到每一个行业中，成为这个时代最大的技术变量。可是，数字化究竟是什么，大家又应该如何把握数字化转型的机遇呢？

1.1 蓬勃兴起的数字经济

升级、转型是企业成长过程中的必经之路，在数字技术改变了整个商业社会后，借助数字技术实现转型也成为企业的必然选择。在数字技术深入各领域后，企业的决策也会受到影响。因此，无论是企业创始团队，还是各阶层的管理人员，都必须对各类信息进行梳理，找到数字经济发展的本质，明确企业所处的阶段以及未来发展的方向，以把握发展机遇和推动企业的商业转型。

1.1.1 数字经济与实体经济

"数字经济"和"实体经济"是大家经常在各个场合都能听到的两个词。这里简单地将"实体经济"视为可以获得物质实体的经济形态，将"数字经济"视为利用数字技术优化资源配置，实现经济稳步发展的经济形态。

中国信通院于 2020 年 7 月发布了《中国数字经济发展白皮书（2020 年）》。报告显示，2019 年全年，我国数字经济规模实现了 35.8 万亿元的增长，约占 GDP 总值的 36.2%。实际上，数字经济已经悄无声息地融入大家的日常生活中。

数字经济并不等同于产业互联网经济，它是在互联网发展过程中出现的新兴概念。随着数字技术的广泛应用，产品供应链的中上游同消费端一样，开始向互联网化发展，数据与数字技术的融入越来越深入，数字经济就此产生。

由传统的生产要素驱动升级为创新要素驱动。将大数据、人工智能、云计算等互联网技术视为重要的经济发展要素，已经成为企业实现高质量发展的必然选择。但数据的保护问题、可能出现的垄断问题，都是企业在数字经济发展过程中需要面对的挑战。

数字经济时代，新产品迭代升级的速度比实体经济时代快得多，但这种快主要体现在数据传递和产品流通中。当没有基础设施作为硬件支撑时，数字经济就无法继续稳定发展，而持续产出物质价值的能力是实体经济蓬勃发展的基石。数字经济的迅猛发展极大地提升了实体经济的资源分配效率，但并没有改变其产品的固有属性。

在这种情况下，只有实现实体经济与数字经济的融合，才能更好地应对资本市场的挑战，让数字经济成为实体经济腾飞的翅膀，进一步推动我国企业的数字化转型进程，推动我国经济高质、快速地发展。

1.1.2 数字经济——经济发展新引擎

近年来，随着数字技术的迅猛发展，线上办公、智能零售、未来工厂等新模式不断涌现。数字技术应用场景的日益丰富，同样带动了数字经济的蓬勃发展。在数字技术的支撑下，数字经济逐渐成为我国经济发展的新引擎。对企业的管理者和决策层来说，更应该不断完善企业的战略规划，全面推动企业战略与数字经济的融合。

数字经济推进了各行业的转型升级。数字技术使用户数据成为新型的生产要素，数据资源的持续投入也进一步推动了各行业的转型升级。传统行业与数字技术的融合速度逐渐加快，传统行业在设计研发、原料采购、生产加工、经营销售

等方面的数字化程度也得到了加深,这也为传统行业注入了强大的创新能力。

数字经济推动了经济的高质量发展。如今,经济的增长速度逐渐放缓,生产要素的获取成本也在不断提高。数字经济的发展显著提升了企业的生产效率和盈利能力,减轻了企业的资源压力,开启了企业发展的新生态。

数字经济提升了我国的综合竞争力。在科技革命、产业革命的推动下,世界各国都在大力发展数字经济,希望可以借此机会提升本国的经济增速,增强国际贸易活力。如果企业可以把握好这次技术变革的机遇,就有机会在未来的国际竞争中掌握主动权。当然,在这次技术变革中,企业需要关注的是,要促进数字技术与实体经济的高质量融合,进一步提升我国的综合竞争力。

值得注意的是,数字经济也会在一定程度上对某些传统业态产生冲击,促进老旧业态的变更,甚至可能会提升结构性失业的风险。因此,企业必须充分挖掘数据资源的潜力,发挥数字经济的引领作用,推动经济领域的高速发展。相信在不远的将来,大家可以利用数字经济持续提升企业的综合竞争实力和数字化水平,让企业在激烈的市场竞争中屹立不倒。

1.1.3 数字经济引爆智能革命

人类社会历经了三次工业革命,第一次工业革命,蒸汽机的发明提高了生产力;第二次工业革命,电力的应用改变了人们的生活方式;第三次工业革命,电子计算机的发明改变了社会经济结构。而如今数字经济的出现,将引发新一轮的智能革命,将人类带入信息社会。

根据国家统计局提供的数据显示,2020 年,我国网上零售额高达 11.76 万亿元,比 2019 年增长 10.9%;网络支付交易额从 2015 年的 49.5 万亿元增长到 2020 年的 294.6 万亿元。这意味着我国居民的很多生活用品是通过网络购买的。可见,作为数字经济的先行者,电商和网络支付正处于飞速发展阶段。某经济学家在《华盛顿时报》上提到的预计 2030 年才能出现的场景,在 2020 年提前到来,即上班变成了居家办公,线下消费变成了线上消费,预计是十年后出现的场景被提前到了当前。所以,数字经济社会将比人们想象得更快到来。

数字经济推动着产业数字化、网络化、智能化的进程,在未来,可能所有的企业都将是数字化公司。数字化技术改变了产品开发、设计、制造和服务过程，让企业的生产效率更高。可以说，哪个企业能率先实现数字化转型，哪个企业就能抢占智能革命的先机，否则就会在新的市场环境中处于被动地位。

随着数字经济和科学技术的发展，数字孪生技术也即将实现。简单来说，数字孪生技术就是将人类所有的经济活动数据化，并用数学模型将人类生产、分配、流通、消费的全过程展现出来。通过对数据的调整，就能调节和控制人类经济活动的运转过程。

例如，城市交通管理智能化。在每个十字路口安装摄像头，并与计算机连接，根据每个方向的车流量，自动调节红绿灯时间，实现红绿灯时长柔性控制。这个装置可以提高十字路口 30%的通行效率。如果全国所有的十字路口都用数字孪生技术来控制，不仅能大大提高通行效率，还能提高社会运转效率。

除此之外，如果所有的工业生产也能应用数字孪生技术加以改造，全社会的劳动生产率也将大大提高。这将推动人类社会向前迈进一大步。

面对数字经济的到来，企业应当紧跟时代的步伐，加大研发投入，积极将技术应用到实践中来。只有这样，企业才能跟上智能革命的步伐。

1.1.4 数字化转型引领未来

数字化转型是提升企业核心竞争力的有效途径。企业要精准把握数字时代的特征，把握数字化转型的机遇，优化顶层设计，加强与合作伙伴的交流与合作，推动各项数据的统筹与整合，利用数字化转型的优势引领企业的未来。

越来越多的企业意识到数字技术已经成为企业发展的一部分，数字化也成为企业必须跨越的屏障。但是，如果企业领导者或者决策层不能很好地解决数字化转型中的关键问题，就可能引起连锁反应，最终导致项目变成一个消耗资源的无底洞。许多企业也因为领导者或者决策层的失误，变得过于关注数字化的核心要素，而忽略了转型才是项目执行的根本目的。

因此，大家必须回归转型的本质，将提升企业的商业能力作为重点。在过去，企业通常会使用从研发设计到生产加工，再到营销推广的生产链路，用户的使用情况通常需要经历极长的反馈周期，这使得企业难以及时对产品进行改进。

当企业实现数字化转型后，用户需求的反馈周期将会显著缩短，企业的组织架构、技术水平、业务模式都会有不同程度的发展,企业也会形成全新的生产模式。在新的生产模式下,企业在研发设计、生产加工、营销推广的过程中,都可以利用数字技术进行实时监管,如图 1-1 所示。

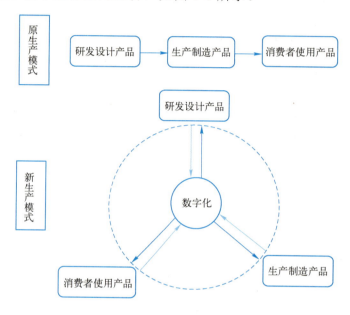

图 1-1 生产模式的变化

在实现数字化转型后,企业可以利用人工智能、大数据等数字技术轻松地实现数据资源的整合和升级。此外,企业还可以将各部门进行链接,从而提升企业的运作效率,激发企业的生命力,让数字技术发挥更大的价值。

1.2 数字化时代的变革

新一代数字技术的创新发展带来了数字化时代,也为各行各业带来了前所未有的重大变革。如今,各领域的数字化进程持续加速,社区电商与社交电商逐渐崛起,原有的市场格局被打破,新一轮工业革命初现端倪。由万物互联、数据仓库、产业互联网等数字化产品构成的新体系,逐渐成为保证企业数字化发展的重要支撑。

1.2.1 数字化进程不断加速

2021年3月,世界领先的管理咨询企业贝恩公司发布了《数字经济互联网之中国数字化发展模式》的研究报告。报告显示,我国的数字化进程持续加快,各行业都出现了一批率先进行数字化转型的优秀企业。这些优秀的企业均能实现用户需求的快速响应以及企业产品的精准触达,并能够及时对产品和业务进行革新。

贝恩公司全球合伙人李舒表示,以互联网为代表的数字经济展现出强大的生命力,成为重塑经济体系和提升治理能力的重要力量。伴随着我国数字化进程的加快,数字化应用场景愈加丰富,加速数字化转型成为企业的首要任务。因此,企业必须了解我国数字化发展模式的特点与背后的动因,从根本上找到适合自身的发展路径。

如今,企业和用户之间的供需关系发生了变化,企业需要根据用户的需求对于自身的业务结构、服务模式等做出相应的调整。那些数字化进程较快的企业可以实现对用户需求的快速响应,并为用户提供更优质的服务,从而抢占用户心智,增加自身的市场份额。

复旦大学的金立印教授和卢向华教授对此都有独特的见解。金立印教授认为,传统的商业模式会进一步分化。因为线上模式可以满足用户的即时性需求,却无法满足用户的服务性需求。未来的企业要持续拓宽服务渠道、为用户提供极致的消费体验而不断努力。

卢向华教授认为,数字化转型的本质在于构建需求响应模型。数字技术的发展使需求响应模型的覆盖范围更大、响应速度更快、感知能力更强,这也进一步推进了企业的数字化进程。信息化时代,企业需要整合用户的消费数据,制定最佳的生产战略。数字化时代,企业开始针对用户需求定制产品,这也对企业的数字化能力提出了更高的要求。

随着数字技术的迅猛发展,企业的数字化进程也在不断加速。当大家明白了企业应该如何利用现代化、数字化的高新技术满足用户的多元化需求,提升自身响应能力后,就可以更好地抓住数字化转型的机遇,促进企业的良性发展。

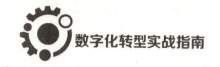

1.2.2 企业创新：平台化趋势显著

亚马逊公司创始人杰夫·贝佐斯曾说："决定你是谁的，不是你的天赋，而是你的选择。每个人取得的成就不一样，最重要的是他们在各个节点上的选择是什么。"

随着数字经济和科学技术的发展，企业将迎来平台化时代。简单的、重复的体力劳动会被机器替代，人们的主要工作是解决创造力和深层次服务的问题。原来只要有好渠道、好地段就有竞争力，现在随着互联网的崛起，空间竞争优势逐渐消失，质量、效率、服务成为企业参与竞争的重要指标。

因此，在这个时代，企业应该具备"进化"的能力，激活人的创造力、能动性，突破时间和空间的限制，改善资源配置，从而在生产、营销、决策、管理等环节都实现高效。

未来的企业一定是数据型组织，通过数据提高做事效率，通过提高做事效率提高企业效益。如何通过数据提高效率？办法就是让企业具备智能，改变管理模式，由控制人变为控制绩效、流程，逐渐使组织架构从金字塔形向扁平化过渡。

组织架构扁平化能让企业实现信息对称。信息高度对称的企业就像安装了路灯，扯皮、推诿的现象会越来越少。另外，企业中管理层级减少，能缩短决策链条、提高管理效率。

很多互联网公司都在内部推行扁平化的管理模式。从雇佣模式变为阿米巴经营模式（阿米巴经营模式是以领导为核心，让各部门自己制定目标，并依靠全体员工的智慧和努力完成这个目标，让每位员工都可以成为主角，从而在企业内部实现"全员参与经营"的良好局面），将内部划分为一个个小的组织单元，给员工充分分权，让其充分发挥主观能动性。因此，未来的企业会逐渐向平台化发展，平台上有各种独立运转的小单元，就像航空母舰上面搭载的各种飞机一样。

除此之外，组织职能也会发生变化，由原来的侧重管理变为侧重文化和价值观的打造。未来的企业就像一个足球队，大家有共同的目标，而每个人可以独立，也可以根据变化实时协同、补位。企业决策层会从管理者变成服务员，从组织中心人员变为保证组织系统连接、协同的纽带。

1.2.3 社区电商与社交电商崛起

电子商务以数字技术为基础，对传统的商业秩序进行了重构，是商业应用的全新形式。自诞生以来，电子商务与传统商务模式之间始终存在不可调和的矛盾。如今，电子商务已经成为能够与传统商务并驾齐驱的重要经济体。随着新一代数字技术的成熟，流量趋势发生了转变，社区电商与社交电商应运而生。

根据《中国互联网发展报告（2021）》显示，截至 2020 年年底，中国网民规模为 9.89 亿人，互联网普及率达到 70.4%，特别是移动互联网用户总数超过 16 亿；5G 网络用户数超过 1.6 亿，约占全球 5G 总用户数的 89%；全国电子商务交易额达到 37.21 万亿元。其中，商品类电商交易额为 27.95 万亿元；服务类电商交易额为 8.08 万亿元；合约类电商交易额为 1.18 万亿元。从支付机构来看，全国非银行支付机构处理网络支付业务 8272.97 亿笔，金额 294.56 万亿元；银行处理电子支付业务 2352.25 亿笔，金额 2711.81 万亿元。

通过上述数据不难发现，目前我国的互联网经济表现良好，电商行业的整体情况也不错。但是，电商企业要想脱颖而出，还是要努力争夺流量资源。随着电商企业对流量资源的争夺，以拼多多为首的社交电商利用下沉市场后来居上，社区电商与社交电商也因此受到了业界人士的广泛关注。

无论是社区电商还是社交电商都是电子商务的社会化转型，它们将分享、交流、讨论等社交互动的元素应用在交易过程中。其本质依然是对流量的追逐，只不过是将传统的以平台为主体的集中导流转变为以用户为核心的分布式导流。

如今，用户之间的交流与互动逐渐成为电商平台主要的营销方式，如何让用户主动分享，进而产生社交裂变的效果，也逐渐成为各大电商平台增效降本、拓展市场的重要课题。设计交互环节、用户激励与成长体系，通过满足用户的社交需求实现推广销售的目的，也成为新时代的企业营销准则。

传统电商以大型商场为中心，在将顾客引流到平台后还需要进行层层转化才能完成交易，而社区电商与社交电商都是基于社交关系形成的去中心化的交易模式。实际上，用户的多数需求都在分享与被分享中产生，这种购物模式也成为一种独特的社交方式。

社区电商与社交电商正以不可抗拒之势全面崛起，并在生鲜、大健康等细分领域持续发力，取得了优异的成绩。这种新型交易模式也逐渐成为资本市场中不可或缺的经济体。

1.2.4 数字化时代对需求端的变革

数字化时代打破了现有的市场竞争格局,许多企业利用数字技术推出多款全新产品以及智能化服务,占据了大量的市场份额。随着数字经济的繁荣发展,供过于求的现象屡见不鲜,如今的用户开始从对产品质量的追求,转移到对品牌共鸣与使用体验的追求、能否凸显自我的品位和个性。

数字时代诞生的移动支付方式具有天然的便捷性,这也使其逐渐取代了传统的现金、信用卡等支付方式,并改变了整个银行业的格局。

在传统的线下交易模式中,当指定仓库中没有需求的产品时,用户就无法进行购买,更无法享受企业的配送服务。在数字化时代,企业可以利用数字技术建立补货模型,从而获取产品的实时位置、制定最佳物流路线、提升产品的运送效率。天猫与京东借助数字技术实现的"次日达""半日达"等配送服务受到了用户的广泛青睐,这也是通过满足用户需求实现行业变革的又一个典型案例。

如今,用户体验的每一次细微优化,都需要借助多项数字技术,如图 1-2 所示。

图 1-2 用户体验背后的数据智能

然而,有些企业只意识到要开发表层的应用,没有意识到表层应用的实现需要大量的互联网技术作为底层支撑。其实,这些互联网技术才是决定用户能否获得良好体验的关键。

以淘宝为例，淘宝团队会将用户的浏览偏好、使用时间、区域位置进行智能化处理，并为用户定制个性化的推荐页面。淘宝的主界面并未出现较大的变动，但每天主界面上的产品都会根据用户前一天的浏览情况产生细微的变化。这就是淘宝借助数字技术打造的"千人千面"销售模式，它帮助淘宝构建了用户的偏好模型，极大地降低了淘宝的获客成本，在很大限度上提升了用户的转化率。

越来越多的企业开始在产品中加入人性化的服务细节，并希望借此影响用户的购买决策。许多企业也在利用这种方式让自身的经营理念更柔和地对用户产生影响。数字化时代的到来，使优质的用户体验逐渐成为新型营销热点。企业应该抓住这次机遇，为企业创造更大的商业价值，实现对整个行业的变革。

1.3 破解数字化焦虑的方法

如今，数字技术的持续发展使各行各业都发生了颠覆性的变革。随着数字化进程的不断推进，企业管理人员也陷入了不同程度的数字化焦虑。那么，该如何正确认识数字化转型，如何应对数字化风险，从而破解这种数字化焦虑呢？

1.3.1 正确理解"要么数字化，要么被淘汰"

"要么数字化，要么被淘汰。"再回到Sourceability亚太区执行总经理王震旻在AspenCore举办的"全球分销与供应链领袖峰会"上发表的观点。实际上，很多企业都还没有意识到拒绝数字化转型的危害，它们进行数字化转型只是迫于时代的压力。那么，数字化转型有何意义，企业为什么要进行数字化转型？

首先，未来将会是数字化的世界。这是美国麻省理工学院教授尼葛洛庞帝在《数字化生存》中提出的观点。他在书中提到，未来人类将生活在一个虚拟的、数字化的空间中，并会在这个空间中利用数字技术进行沟通、学习、工作等社会活动。在某种意义上，进行数字化转型就是在顺应时代发展的潮流。

其次，数字技术使企业的运营模式发生变革。随着数字技术的发展，用户接触产品的渠道与路径也逐渐向数字化方向转变,这也推动了企业的营销、采购等环节的数字化进程,改变了企业原有的运营模式。这种改变在提高企业生产力的同时,也会对社会的生产关系产生影响,最终达到新的平衡。

与此同时,数字化时代将会出现更多的发展机遇,企业更新迭代的速度也得到了提升。如今,人们可以利用智能机器人节省企业的人力成本。这将会进一步加剧企业间的竞争,没有坚实的数字技术作为战略支撑的企业,更容易在激烈的市场竞争中落败。

1.3.2　对数字化 MAX 成熟度进行测试

许多企业认为在业务中加入人工智能、数据中台等数字化工具就可以加速自身的数字化转型进程。但实际上,企业的数字化程度不在于这些工具的使用情况,而在于数据发挥的作用。大家可以利用数字化 MAX 成熟度模型判断企业的数字化程度,从而制定最适合的数字化转型方案。该模型将企业分为 6 个级别,如图 1-3 所示。

1. 第 0 级

第 0 级企业既没有使用数据分析工具,也没有将数据应用于企业的日常运营中。这类企业完全没有认识到数据的重要性,通常由管理人员根据以往的运营经验直接下达决策。

2. 第 1 级

第 1 级企业主要使用 Excel 等简单工具进行数据的存储和分析。这类企业进行数据分析的频率较低,处理的数据少且零散。由此得到的分析结果也相对片面,无法为上层决策提供帮助,也无法为企业的数据体系提供支撑。

3. 第 2 级

第 2 级企业已经建立专业的数据分析部门。这类企业会使用 BI(商业智能)分析工具辅助管理人员进行决策,数据分析的方法也更具规模,更成体系。但由于 BI 分析工具具有一定的技术门槛,其使用者几乎只有技术人员,无法全面覆盖企业的各项业务,也无法实时响应业务人员的需求。

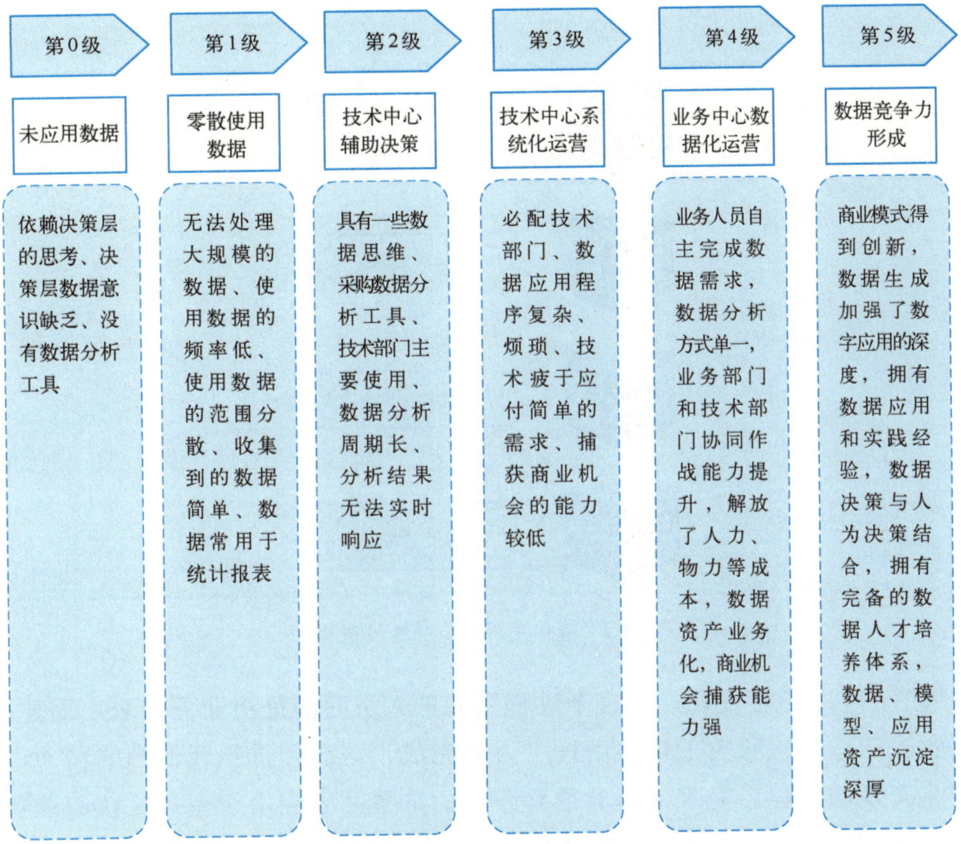

第1章 数字化时代已经到来

第0级	第1级	第2级	第3级	第4级	第5级
未应用数据	零散使用数据	技术中心辅助决策	技术中心系统化运营	业务中心数据化运营	数据竞争力形成
依赖决策层的思考、决策层数据意识缺乏、没有数据分析工具	无法处理大规模的数据、使用数据的频率低、使用数据的范围分散、收集到的数据简单、数据常用于统计报表	具有一些数据思维、采购数据分析工具、技术部门主要使用、数据分析周期长、分析结果无法实时响应	必配技术部门、数据应用程序复杂、烦琐、技术疲于应付简单的需求、捕获商业机会的能力较低	业务人员自主完成数据需求，数据分析方式单一，业务部门和技术部门协同作战能力提升，解放了人力、物力等成本，数据资产业务化，商业机会捕获能力强	商业模式得到创新，数据生成加强了数字应用的深度，拥有数据应用和实践经验，数据决策与人为决策结合，拥有完备的数据人才培养体系，数据、模型、应用资产沉淀深厚

图 1-3　数字化 MAX 成熟度模型

4．第 3 级

第 3 级企业可以系统地进行数据应用，利用数据分析的结果支撑自身业务。这类企业已经搭建出较为完善的数据分析体系，组建了专业的数据分析团队，可以为企业解决一些共通的数据问题。但其数据化运营成本过高，因此实现全面数据化运营的难度较大。

当企业的数字化水平达到第 3 级时，需要处理的数据大幅增长，对数据进行治理就显得格外重要。数据的整合、维护、业务赋能等环节需要多个部门配合完成，其运作逻辑如图 1-4 所示。

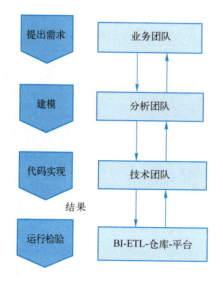

图 1-4 数据支撑业务的运作逻辑

从图 1-4 中不难发现,在这个过程中业务人员只需提出业务需求,而建模、代码实现、运行检验的工作都由技术人员完成,这会严重损耗他们的精力,阻碍产品研发的进程。同时,由于数据分析的结果并未应用于企业的核心业务,数据的使用程度不深,这也会对企业的数字化转型进程造成阻碍。

5. 第 4 级

第 4 级企业围绕核心业务进行运营,能够利用数据为业务赋能。这类公司通过将自身的数据资产进行沉淀,实现了数据的良性循环,构建了较为完整的数据中台。业务人员可以利用这些数据及工具自主完成 80% 的业务需求,如图 1-5 所示。

数据中台的构建还加快了企业内部数据、模型、算法等资料的共享进程,极大地提升了数据的传递效率,使得每个部门都可以随时调用需求数据。业务人员可以直接将数据资料上传至 BI 分析工具并获得分析结果,极大地减轻了技术人员的工作压力,使他们能将精力集中于对数据资产的梳理中,从而建立企业的盈利增长点,加速企业的数字化进程。

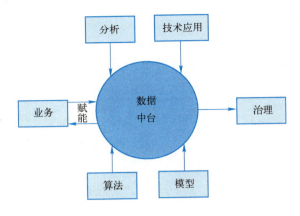

图 1-5　数据赋能业务的运作逻辑

6．第 5 级

第 5 级企业能够利用数据实现业务的创新与变革。这类企业已经实现了数据资产的沉淀，将企业内外部的数据链打通，并据此制定先进、完善的数据战略，利用数据驱动自身发展。

企业发展到第 5 级时，便能够将自主研发的算法、模型、程序等转化为自身的数据资产，形成独有的数据生态，使每位员工都可以快速获取需求数据。同时，企业的数据运营思路、数据人才的培训体系也趋于完善，为企业提供源源不断的力量。

大家可以根据这个模型判断企业的数字化水平，了解企业的数字化劣势，明确数字化建设的重点及难点，制定最合适的数字化转型方案，快速实现数字化转型。

1.3.3　数字化与信息化有何区别

随着科技的迅猛发展，人们正在从信息化时代迈向数字化时代。过去的科技水平有限，大家只能利用人工将各类问题的处理办法进行整理，并以结构性文字的形式存储。如今，新兴互联网技术逐渐与各个行业融合，大家可以利用计算机收集各类数据，并在其中进行数据重建，构建出一个真实性极强的模拟测试系统。那么，数字化与信息化究竟有何区别？

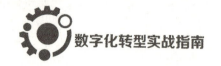

1. 使用范畴不同

企业建立的信息化系统通常只是单个部门用于提高工作效率，极少实现跨部门的链接。数字化系统则是打破企业所有部门、所有业务间的信息壁垒，实现企业数据的互通互联，从而增强相关决策的科学性和可行性，为企业的业务模式持续赋能。

2. 对待数据信息的态度不同

过去的信息化系统中存储的数据信息大都分散在各个部门的系统内，这些数据没有相互连通，它们真正的价值以没有得以体现。现在的数字化系统则将数据信息视为企业的"无形资产"。在数字化系统的作用下，企业可以根据自身沉淀的数据资产迅速提升运营效率，实现快速盈利。

3. 连接对象不同

企业的信息化系统通常搭建于互联网尚未高度发展的时期。随着科技的发展，这种信息化系统的弊端逐渐显现，即并未建立与其他数据单元的连接，由此导致企业各部门间的协调能力较差，很难快速响应外部的市场变化。

如今，移动互联网建立了企业与用户的连接，用户可以在线上与企业进行实时互动。企业的数字化系统将企业的机械设备、生产资源、决策体系等都进行了连接，这一举措不仅可以提升企业运营效率、降低运作成本，还可以帮助企业实现运营模式的重构。

4. 构建目标不同

信息化系统的构建以更好地进行管理为目标。在设计初期并未考虑其他因素，由此构建的信息化系统只能辅助管理，不能很好地处理用户需求，也不能促进各部门间的协同发展。数字化系统的构建则以提升企业的运营效率为目标，这也意味着它可以实现企业各部门的协同工作，能更好地处理用户需求，全方位促进企业运营效率的提升。

值得注意的是，数字化转型并不是将原有的信息化系统全盘推翻，而是利用全新的科技手段将其优化。在这之前，大家还要结合企业的实际情况，将现有的业务流程进行改造，增强对智能化、数字化趋势的适应性。

如今,机器人、未来工厂、无人零售等技术日趋成熟,一些企业也逐步迈入数字化转型的深水区。在持续推动企业数字化转型进程的同时,还需要聚焦用户的核心需求,推动企业的自我变革,增强自身竞争优势,释放企业发展的新动能。

1.3.4 让协同效应发挥作用

企业要如何才能实现协同发展?对此,企业要做好以下6件事情。

1. 重新设计企业边界

企业边界指的是企业发展的各种要素,包括人、资金、技术、场地等。这些要素组合起来的效率比别人高,成本比别人低,企业就有竞争力。所以,企业转型一定要关注边界,如果企业不能做边界融合、边界重构,就很可能会被淘汰。

2. 建立更广泛的信任

企业想要实现协同发展,除了依靠自身拥有的资源外,还要与合作方建立广泛的信任关系。要做到这一点最重要的是转变理念,从与合作方互为主客体变为互为主体。例如,企业与供应商,如果仅是供应商供应企业,双方就是互为主客体关系;如果是供应商让企业更有竞争力,双方就是互为主体关系。

3. 组织内协同

如果企业内部不能协同,那么在外部也很难与别人协同。企业一定要重组现有的组织结构,让每个人都愿意去负责、去帮助别人,而不是只关注自己的发展。推进内部协同最重要的就是强化责任意识,让每个人正确理解自己的角色,把工作当成自己的事而不是企业的事。

4. 组织外协同

打造共生组织的最终目的是实现与外部资源的协同。这需要企业与外部资源互为主体,加强彼此之间的联系,共同挖掘更大的价值。当前我国市场正面临着国际化的挑战,如果企业闭关绝市,不敢走向全球化,其实是扼杀了自己的发展机会。

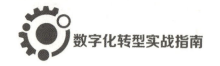

5．协同价值取向

企业协同发展最重要的一步就是确定正确的协同价值取向，合作双方都愿意付出，而不是自己赚钱自己花。只有让合作伙伴都能发展得很好，才能实现协同效应，获取更大的财富。

6．有效的协同管理行为

如今是一个变革的时代，发展与机遇并存，但变革时代最大的危险不是变化本身，而是依然用过去的思维方式做事。企业应当把握好数字化带来的机遇，积极将其应用到管理当中，彻底革新传统的经营方式，这样才能找到新的发展机会。

1.4 抓住数字化转型的机遇

新一轮的科技革命蓄势待发，以大数据、人工智能、云计算为代表的数字技术也迎来了日新月异的发展。数字化转型俨然成为实现企业高质量发展的重要驱动力。因此，任何企业都应该抓住数字化转型的新机遇，利用新一代数字技术促进企业业务模式的变革，充分释放这些数字化技术的能量，持之以恒地向落后的经营理念、技术短板发起挑战。

1.4.1 认识数字化转型的价值

数字化转型是指利用互联网技术改变企业现有的模式，为用户创造更大的价值的过程。随着科技的发展，数字化逐渐成为各行各业发展的新方向。数字化转型的价值有如下几点。

1．打通业务链路，降低业务成本

在传统的生产型企业中，业务往往由管理人员直接管控，这样也势必引发货权分配问题，降低资源的利用效率。在实现数字化转型后，企业便可以将产品的加工、营销、出售等一系列生产环节通过互联网技术进行链接，充分发挥互联网即时、高效、低成本的特性，实现业务效率的提升，从而节省大量的资

源成本。

2. 为用户提供数字化服务

大数据、人工智能、云计算等技术的产生极大地提升了数据的时效性，使得传统的销售模式发生了翻天覆地的变化。如今，企业可以利用这些技术实现用户分类，将产品信息和优惠活动精准投放给需求用户，用户也可以自行登录系统查询产品的优惠活动及库存信息。数字化转型的实现可以打破时空的界限，为用户提供更舒适、更便捷的数字化服务，最大限度地降低运营成本，形成巨大的经济效益。

3. 带来业务的全新增长点

在实现数字化转型后，企业原有的业务模式也会出现不同程度的改变，市场的用户覆盖率及单个用户的渗透率都会出现相应的提升。这也会为企业带来全新的业务增长点，全面优化企业现有的商业模式，拓宽企业的盈利渠道。

实现数字化转型只是企业发展壮大的手段之一，而不应该是企业发展的根本目的。企业应该综合考虑实际经营情况及现有业务模式的特点，从而更好地迎接转型过程中的机遇与考验。

1.4.2 警惕数字化转型的 4 个陷阱

随着数字时代的到来，许多企业都希望借助数字技术增强竞争优势，革新现有业务水平，实现利润持续、稳定地增长。然而，大多数企业对数字化转型的理解存在偏差，成功实现数字化转型的企业寥寥无几。因此，大家更应该警惕数字化转型过程中的陷阱，更好地把握转型机遇。

1. 信息部门理应肩负转型重任

大多数企业都认为信息部门理应成为数字化转型的中坚力量，而在数字化转型前，这些被委以重任的信息部门往往只进行数据的分析处理、产品的技术创新等工作。他们不曾参与到业务流程中，也就无法体会数字化转型的必要性，无法科学、合理地推动企业内部的数字化进程。

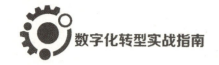

2. 数据垄断即可占据优势地位

在数字化的浪潮中,越来越多的企业认识到了用户数据的价值,这也使得许多企业开始形成"数据孤岛"。这种情况同样也会出现在企业内部,每个部门都希望凭借手中的数据获得更高的话语权,企业内部的数据共享也因此受到极大的阻碍。

实际上,进行数据垄断并不能帮助企业占据优势地位,而利用数据的分析结果规避风险、抓住机遇,全面提升企业的综合竞争实力,才是数据的价值所在。

3. 盲目依赖数字化工具

很多企业盲目地将数据仓库、共享平台、智慧系统等数字化工具融入业务中,以为这样就可以加速企业的转型进程。其实,工具只能起到辅助作用。数字化工具也是如此,只有在专业人士的掌控和企业管理机制的支撑下,才能更好地让数字化工具与员工、设备、使用场景有机地结合,更高效地开展各项业务活动。

先进的工具并不会对企业的数字化进程产生影响,对于企业而言,结合实际经营情况,在合适的时期选择合适的工具才是最重要的。

4. 数字化转型需要立竿见影

随着金融改革的不断推进,许多传统行业的产业结构受到了冲击,企业的经营状况不甚理想。在这种情况下,它们便希望通过数字化转型实现业绩的快速增长,将企业从危难中拯救出来。但转型是一个动态的过程,在短时期内产生大量直接效益的概率很小,这也使得相关部门及员工在数字化转型的过程中面临极大的业绩压力。当然,如果将数字化转型和企业的业务进行有机结合,数字化转型的效益也将会在后续的项目中得到体现,也能够为企业带来巨大的经济效益。

在进行数字化转型的过程中,必须警惕上述四大陷阱,从战略发展的高度出发,设立专业的部门或岗位,积极推动数据共享,巧妙地借助数字化工具,从而快速、准确地推动企业的数字化进程。

1.4.3 共生型组织势不可挡

以前,总是习惯性地把企业分成战略部、投资部、财务部、营销部等,因为这样划分工作效率最高。但在数字化时代,这样的组织结构已经很难有高效率了。因为企业各部门之间始终存在着高高的围墙,无论是信息传达还是沟通协作都会"慢半拍",各部门之间也很难协同工作。因此,企业要将部门之间的"墙"打掉,将企业看成一个整体。

管理其实是一个整体概念。整个企业都要以客户为中心,客户在哪里,企业的边界就在哪里,而且人和成本都要为客户创造价值。以整体思维管理企业,企业才能协同高效,创造更大的价值。如果一个企业内部价值观存在分歧,内部人员不和睦,那么优秀人才是很难加入的。因此,企业要学会打造共生型组织。

共生型组织指的是不同组织之间为相互合作的关系,每个组织具有充分的独立性和自主性,但同时组织之间也共享资源和信息,相互促进,缺少任何一方都无法实现高水平发展。为什么企业一定要打造共生型组织?因为企业内部任何组织都无法独立满足客户全部的价值需求,各部门必须形成共生网络,才有更大的机会创造价值。

企业要想做到共生,实现领先发展,应该从4个方面入手:第一,相信共生可以为企业带来价值;第二,重视客户,相信客户可以为企业创造更多的可能性;第三,完善技术,通过技术提升生产效率;第四,适当授权,给更多人成长和发展的机会,让所有相关人员都能有所作为。

1.4.4 金融行业:从竞争到合作

数字化时代为企业带来了全新的发展机遇,每个人都应该抓住这个机遇,与竞争对手完成从竞争到合作的转化,增强双方的核心竞争力,快速提升市场占有率。

如今,金融行业进入井喷式发展阶段。新型金融形态颠覆了传统的金融结构,也引发了业界的深入思考。在新型金融形态数据持续高涨的同时,传统的银行机构却陷入了生存困境。毕马威发布的《2020年中国银行业调查报告》显

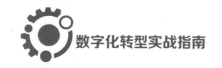

示,随着金融业务渗透发展,商业银行的增长速度略显疲态。抢夺市场份额,似乎成为传统商业银行与新型金融机构的时代之争。

商业银行与金融机构都在各自的战场中努力发展,但当前的市场状况难免让从业人员对这场战争的意义产生了怀疑。

首先,商业银行虽然在进行数字化布局,但从目前的成果来看,其在某些方面还需要不断努力,如提升移动系统的智能化能力、加强用户关系维护、进一步增强创新能力等。此外,新型金融机构虽然拥有出色的风控能力,也能研发出许多可以满足用户需求的产品,处理好与用户之间的关系,但需要获得金融牌照,建立完善的社会信用体系。

对此,清华大学金融学院副院长廖理表示,商业银行与金融机构各有所长,并且各自面向不同的用户群体,用"竞争关系"形容两者的关系反倒没有"互补关系"贴切。

其次,金融机构正在用自己的方式为商业银行赋能,这也会使整个金融行业的市场格局产生重大的变革。除了快捷支付、安全认证等支付环节,双方还就电子零售平台的建设、用户的线上消费、小微企业的融资等环节进行了深度合作。

快牛金科联合创始人胡亮表示:"与其说是金融科技与银行机构敞开了怀抱,不如说是整个社会都在迎接一种开放融合的态度。"商业银行与金融机构之间的关系也逐渐由竞争向合作转化。

在二者融合完毕后,将会催生更符合用户需求、更顺应时代发展的平台和产品。传统的商业银行大多只将互联网作为填补空白的补充渠道,而随着金融机构的介入,商业银行不断推出消费、借贷、理财等创新型金融业务,这些业务建立在数字化渠道上,可以有效促进金融交易的下沉,推动商业银行的快速发展。

同时,商业银行也可以借助数字技术将用户需求快速转化为新的业务场景,业务覆盖面的扩展、服务循环的加速、周转频次的增加都将是金融行业实现精准延伸的关键。

在数字经济的影响下,传统的商业银行与现代的金融机构逐渐从相互竞争走向合作共赢,金融体系也在数字技术的帮助下产生了巨大的改变。对于金融行业而言,这种改变也将是一个决定性的新高点。

第 2 章 数字化转型布局体系

数字化的浪潮席卷而来，各行各业都受到了不同程度的冲击，企业面临的竞争压力和过去相比，不可同日而语。在这种情况下，企业只有变得更灵活、更高效，才能在激烈的市场竞争中脱颖而出。如今，各个领域、各个企业都在尝试对自身的组织结构及管理方式进行数字化调整，进而全面推动企业的数字化转型进程。

2.1 我国积极推进数字化转型

数字化时代悄无声息地改变了我们的生产方式，最大限度地增强了企业的生产力，许多国家都意识到了数字化转型的意义。近些年，我国的数字化转型进程持续加速，政府为企业制定了许多数字化转型政策，同时还建立了一体化的推进机制，为企业的数字化转型营造有利环境。这些举措对于促进我国经济的高质量发展，提升我国综合国力与战略地位都具有重要意义。

2.1.1 政府为数字化转型制定政策

进行数字化转型是政府在数字化时代的必然选择。技术与制度的创新将会改变传统的、低效的信息传递方式，从而改变政府的业务模式、加快行政审批速度、提升服务质量，最大限度地激发政府的活力和创新能力，进而推动地方企业的高质量发展。

2015 年，十八届五中全会首次提出"国家大数据战略"，随后推进数字化转型的政策陆续落地,"数字经济"这一关键词第四次被写入政府的工作报告中。2020年5月,政府在工作报告中明确提出"要继续出台支持政策,全面推进'互联网+',打造数字经济新优势"。

在中央政府持续出台促进数字经济发展的相关政策时,地方政府也持续引导企业的数字化转型。截至2020年年底,我国已经有31个省、市、自治区先后出台了60余项推动企业数字化转型的相关政策,如数字经济的发展计划、相关行业的发展规划、企业的补贴政策等。这些政策的出台时间与政策类型的分布情况如图2-1所示(相关数据来自前瞻产业研究院)。

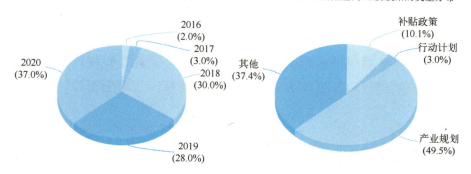

图2-1 数字化转型政策的出台时间与分布情况

地方政府政策的侧重点不同,数字经济欠发达的地区通常将发展自身作为政策重心,而数字经济较发达的地区则将带动周边产业的发展作为政策重心。例如,江苏将提升宁夏的数字化水平作为下一阶段的发展重点,并和宁夏联合印发了《2020年江苏宁夏数字经济合作重点工作》。在上海、浙江、广东等地着手建立数字经济的监管框架的同时,内蒙古、新疆等地依然以推动数字化的基础设施建设为发展重心。

这些政策推动了数字化生态与数字化供应结构的形成,降低了企业的数字化转型门槛,能有效推进产业上下游的数字化进程,激发整个社会的发展活力。

2.1.2 建立一体化推进机制

目前,山东省的胶东五市已经初步建立起一体化推进机制。2020年1月,山东省出台了《山东省人民政府关于加快胶东经济圈一体化发展的指导意见》,并借此机会调整区域政策体系，加快胶东五市的一体化发展，构建合作机制完善、发展活力强劲的都市圈。

山东政府从以下几个方面出发，进一步推动了胶东五市的一体化发展。

第一，充分挖掘产业优势。山东省将推动这五座城市产业链、供应链的协同发展，促进优势产业集群、区域性服务业中心城市、现代海洋产业集聚区的建设工作，进而推动区域经济的高质量发展。

第二，充分挖掘物流优势。青岛市将持续深化与另外四座城市的合作，推动基础设施互联，从而提升胶东经济圈的创新实力。同步加强新型基础设施建设布局，构建一体化的交通网络，进一步提升胶东区域的核心竞争力。

第三，充分挖掘开放优势。山东省将充分发挥试验区、经济示范区等重要开放平台的带动效应和溢出效应，推动胶东五市的高质量发展，共同打造新型的对外开放模式。

第四，充分挖掘公共资源优势。山东省将围绕公共资源的开放共享，制定更多的相关制度，让胶东五市的群众都能享受到便利的公共资源。近日，青岛市就带头建立了胶东经济圈的旅游联盟，并与另外四座城市联合，共同开展营销宣传工作。

随着经济的不断发展，数字经济作为新时代的产物强势崛起，受到政府的关注和重视。除了山东省外，我国的其他省、市、自治区也在积极建立一体化推进机制，为企业实现数字化转型保驾护航。

2.1.3 新基建与共享经济

新型基础设施建设（以下简称新基建）的概念于 2018 年 12 月首次提出，新基建包括特高压、新能源汽车充电桩、5G 基站、大数据中心、人工智能、工业互联网、城际高铁和城市轨道交通等七大领域。其中，新兴数字化技术的应用是新基建的重中之重。

数字化新基建不仅能短期创造投资机会、培育共享经济增长点、加速"数字中国"的到来，还能推动实现国家治理现代化。

1. 实现传统 4G 向 5G 网络转型

新基建进一步完善了通信拓扑架构，加快 5G 网络商用。原本的 4G 基础网

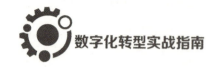

络升级为 5G 信号基站，实现全国各地的 5G 网络全覆盖。另外，新基建加速推进 5G 与其他网络行业融合，智能终端、物联网等数字经济产业的发展开创了全景视频直播、虚拟仿真实验、远程医疗等新兴场景。

2．实现传统制造业向智能制造转型

新基建壮大了人工智能产业，推动了传统制造业的转型升级。以智能汽车为例，新基建针对新能源标准构建了"互联网+充电基础设施"配套体系，发挥了产业带动作用。另外，新基建汇聚了科研院所、企事业单位等科研力量，建立了产、教、研综合孵化基地，提高了核心技术水平，以促进传统制造业向智能制造转型。

3．实现传统工业信息化向工业互联网转型

新基建在已有工厂的工业化和信息化融合的基础上，提高了企业的电子通信、广电网络覆盖率，推动传统工业更大范围地与"互联网+"深度契合。另外，新基建通过建设工业互联网产业园、智能工厂等，形成了配套的工业软件产业，实现了工业产品全生命周期的现代化制造。

4．复兴共享经济

我国的共享经济目前尚未足够成熟，其更像是科技公司主导的租赁商业模式，主要目的是获取用户数据。想要实现真正的共享，企业除了要解决数据问题、提高运营效率外，还要借助新基建挖掘更丰富的应用模式。

借助新基建，企业将以较低的成本获取人工智能服务，因此，更多新技术也将应用在不同的场景中。例如，AI 探伤技术可以对车辆进行智能探伤定损，确定车辆受损情况及损伤级别。当这个应用普及时，共享车辆可以快速定损，智能连接维修企业，提高车辆流转效率。

新基建也将加速无人驾驶技术的落地。借助共享平台，汽车可以真正实现无人、共享。试想，人们在网络平台下单，汽车会自动上门、自动停车、自动清洁，不仅减少了取车、还车成本，还降低了公司的运营成本。

2.1.4 为数字化转型营造有利环境

数字经济发展势头十分迅猛，推动企业的数字化转型进程可以提升企业的

发展新活力，促进新技术、新产品、新模式的产生，推动企业融入全球供给体系，提升我国各类产业的价值链高度。

数字化转型是企业实现提质、降本、增效的一个重要途径。我国政府严格执行政策制度，加强国家现代化经济体系的建设工作，为企业转型营造有利的环境。

政府正在加强数字化基础设施与5G网络建设的布局，总结大型企业、中小型企业的最佳转型路径，定期举办现场交流会，加强转型成功企业的示范推广作用。同时，还筛选了一批优质的服务商，为转型困难的企业进行"诊断"，并为它们制定独特的转型计划。

不仅如此，政府还在产业互联网、中台系统等新型数字化产品方面为企业提供指导，结合转型规律，帮助企业对技术团队进行培训，最大限度地降低企业转型成本，增强企业的转型信心。

数字化发展的趋势不可逆转，我国政府为企业抢抓转型机遇创造了最有利的条件，并通过高质量的服务工作推动各地区企业的数字化转型。只有抓住机遇、顺势而为的企业，才能在国家的引领下走向创新驱动的发展道路。

2.2 关键领域的数字化转型

如今，进行数字化转型已经成为企业高质量发展的重要举措。为顺应新一轮科技革命，提升供应链的竞争力，建立发展的新优势，制造、零售、电子、互联网等多个关键行业敏锐地掌握了发展的主动权。推进这些关键行业的数字化转型，构建数字化的运作体系也可以帮助国家更好地巩固实体经济。

2.2.1 制造领域致力于智能生产

Blizzard是奥地利著名的滑雪板生产企业，成立至今已经有七十多年历史，在滑雪爱好者心中有着不可替代的地位。然而近些年，Blizzard在发展过程中遇到了一些瓶颈，企业的发展速度减缓了。首先是滑雪板的生产工艺比较复杂，某些滑雪板需要16周的生产时间；其次是用户需求发生了变化，Blizzard研发的近千种滑雪板不可能全部进行大规模生产，但在进行市场调研后再付诸实践就无法及时响应市场需求。

为解决上述问题，Blizzard 对自身的生产流程进行了智能化升级。在经过全面改造后，Blizzard 的管理系统与生产系统相互连接，管理人员可以对设备物料的生产过程进行监控，实时了解产品的生产状态。管理人员在进行生产决策时，不仅可以实时调取产品的销售信息和库存情况，还可以实时获取市场调研报告，并根据调研报告及时对生产决策进行调整。这种智能生产模式大幅提升了 Blizzard 的生产效率，进一步巩固了 Blizzard 的行业地位。

不得不承认，与精准、高效的智能化生产相比，需要人工操作的流水化生产已很难满足当今的市场需求。如今，智能化生产可以通过代码将生产的规则映射给机器，有效避免工人因长时间进行机械操作而产生误差的情况。同时，智能化生产也更便于管理。在过去的生产模式中，工人会参与到每个生产环节中，管理人员不得不多方面考虑工人的因素。智能化生产最大限度地降低了工人的参与度，大幅提升了制造型企业的管理效率。

从长远的角度来看，智能化生产还能显著降低制造型企业的运营成本。在生产过程中，智能化生产采用最优的生产方式和管理模式，可以有效避免资源浪费，从而降低原料的采购费用。机械设备的更新换代也会大幅减少生产所需的工人数量，这也大幅降低了生产所需的人工成本。

当前数字技术之间不存在壁垒，技术的融合过程也是相互促进的过程。智能化生产为这些技术提供了融合和提升的平台，也让更多的技术从实验室中走了出来。自动化、大数据、物联网等先进的互联网技术都是实现智能化生产的核心引擎，智能化生产的更新换代也将促使这些技术不断地提升。

随着数字技术的持续发展，许多制造企业开始进行类似的智能化改造，制造行业的智能化生产模式，也更好地满足了市场的需求和社会发展的要求，全面推动了整个制造行业的发展，实现经济效益与社会效益全方位的提升。

2.2.2 零售领域打造快速响应能力

目前，数字技术的快速发展带动了一大批行业的创新与改革，零售行业也不例外。在数字技术的影响下，零售行业正面临以下几种变化。

1. 信息形式的变化

数字技术催生了短视频、直播等影像形式的信息传播，动摇了图像、图文等传统传播方式的地位。这种变化使零售行业无法继续依靠原有的方式与用户沟通，它们必须与用户建立互动性更强的连接方式，为用户提供极致的消费体验。

2. 交易方式的变化

消费升级如火如荼地进行着，如今的用户越来越在乎购物过程中的消费体验，这也意味着，零售企业需要为用户提供更多的增值服务。在线协作功能也因此成为零售企业的业务基础，零售企业的经营重点也逐渐从价格、库存、营销向在线服务转变。

3. 交易对象的变化

在过去，零售企业的交易对象主要是供应链中上游的品牌商和代理经销商。如今，用户逐渐成为企业在商场上争夺的主要资源，零售企业也不只是品牌商的销售平台，充分了解用户的需求和消费体验、构建沉浸式的消费场景，也成为零售企业增强自身竞争力的有效途径。

4. 基础设施的变化

传统零售产品的流通速度较慢，通常需要经过"进货、销售、积存"三个步骤，整体行业的需求响应效率较低、成本较高。随着零售行业数字化程度的加深，零售企业的业务流程也朝数字化方向发展，而全流程数字化的实现需要以硬件设施作为基础支撑，这就要求零售企业在门店内添置大量数字化基础设施。

5. 消费主体的变化

随着数字技术的发展，智能手机已经成为人们生活的一部分。如今的消费主体将智能手机作为数据的输入、管理终端，利用智能手机传达自身的互动需求和消费需求。零售企业也可以研发专属应用程序，并利用它实现精准的营销推广，发挥该媒介最大的价值。

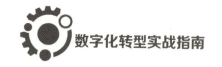

以上种种变化改变了零售行业的经营环境，零售企业不得不将增强自身的快速响应能力、优化销售决策、减少库存积压作为战略性目标。在庞大的用户数据的支撑下，实现上述战略目标的零售企业势必占到先机。

杰和科技将智能零售系统与基础硬件设施进行结合，为零售门店的智能化升级提供解决方案，一举成为国内智能零售行业的领跑者。这种智能零售门店将用户的往期消费行为绘制成产品需求视图，为门店提供科学合理的产品进货参考，同时可以有效减轻产品的库存压力，显著提升门店资金的利用效率。

这种智能零售门店不仅可以满足用户的日常需求，还可以增强用户黏性，提升产品的复购率，为零售行业注入活力。

2.2.3　电子领域提升产品的自动化水平

互联网技术的发展改变了大家的生活方式，同样也改变了企业的生产方式。数字化转型的浪潮进一步提升了电子信息制造行业的自动化水平。

"机械臂出现在这座工厂中，显示出随着中国劳动力成本的上升，中国的电子产品制造商面临日益增大的自动化压力。"这是《华尔街日报》对重庆某家电子制造企业的描述。在配置了数条机械臂后，这家企业的自动化水平得到显著提升，逐渐成为国内电子信息制造行业的前沿企业。

发展至今，我国电子信息制造行业已经成为世界级的电子产品制造中心，"中国制造"的电子产品早已遍布世界各地。在电子行业进行升级转型的过程中，生产厂商对电子产品的灵活性需求逐渐提升，这使得电子制造自动化水平受到了业界的广泛关注。

迈世腾科技是我国唯一一家同时获得三星集团的一级供应商资质与同步研发商资质的企业，也是电子信息产业的龙头企业之一。2020年下半年，为提升生产线的自动化水平，迈世腾科技投入了 2500 万元进行生产设备的研发与制造。随着这些生产设备的投入使用，迈世腾科技的自动化水平也在持续提升，在改造完成后，迈世腾科技的生产线也将形成全自动的生产闭环。技术水平的创新也进一步扩展了迈世腾科技的产品市场。迈世腾科技目前的订单合约金额已达 3.5 亿元，在新建成的工业园区正式投入使用后，其年销售总收入有望突破 6 亿元。

2.2.4 互联网领域不断夯实技术基础

在数字化的浪潮下,前沿的数字技术与金融行业的融合速度逐渐加快,互联网金融行业在组织模式、服务供给等方面都发生了深刻的变化,探索互联网金融行业的数字化转型之路已经成为整个行业的共同目标。

在数禾科技成立 5 周年时,其 CEO 徐志刚在周年庆典上表示:"未来 5 年,数禾科技将继续深化数字化转型来实现企业的自我革命,实现经营效率的再提升……深化数字化转型并不是要重新造轮子,而是要以开放的观念、视野,站在行业高度,探索自身差异化发展路径,以领先的技术和系统,实现企业整体运营效能的提升。"

从十几人的小团队发展为如今近千人的大企业,数禾科技仅用了 5 年的时间。在过去的 5 年中,数禾科技不断夯实自身的技术基础。截至目前,已经与 30 余家金融机构建立了深度合作关系,旗下的"还呗"App 注册用户已经超过 6000 万名,累计交易金额突破 1000 亿元。

从零发展到行业领先后,数禾科技将多年积累的运营经验与技术基础按照 MOB 模式进行了梳理。其中的 M 指管理系统,它帮助数禾科技实现了绩效评价、资源配置等财务工作的数字化转型;O 指运行系统,它帮助数禾科技提高了资方与用户之间的匹配通过率;B 指商业系统,它帮助数禾科技优化了资信、维度表等标签的计算方法。

徐志刚表示:"单独模块的数字化赋能是 1.0 版本,已成完成时。而深度数字化转型的数禾 2.0 版本,至少拥有两层内涵:一是要横向增强,即提升并强化技术应用;二是要纵向打通,即全系统数字化统一、智能化运营。"

随着数字技术的持续发展,互联网企业纷纷加强了对技术基础的夯实,这种 MOB 模式有效地提升了企业运营过程中的数据使用效率,为企业进行资源配置、产品设计、用户延伸等工作提供了数据支持。此外,这种 MOB 模式还帮助数禾科技的合作伙伴提升了合作投入的运作质量和合作回报率,更好地满足了经济市场的需求和社会发展的要求。

2.2.5 特步：数字化时代的全渠道策略

近年来，特步在运动鞋细分领域不断发力，陆续收购了索康尼、迈乐、帕拉丁等品牌，扩大了品牌矩阵，打破了单一品牌格局。与此同时，特步的业务也在变革，例如特步电商业务进行了调整货品结构、精准营销、布局直播等尝试。

相关数据显示，在"6·18"活动中，特步全渠道累计成交额达2.5亿元，其中，山海系列、猫和老鼠系列等广受消费者好评。这一切成绩都源于特步的第三次战略升级。

特步的第三次战略升级以消费者体验为核心，发展"3+"（即互联网+、体育+、产品+），积极拥抱新技术，实现业务引领和技术创新。在这个过程中，特步发现要重组原来的业务流程，原来的信息系统只会拖后腿。

于是，特步邀请阿里云中间件团队对特步信息系统进行了深度调研。阿里云根据特步业务转型的需求，为它量身打造了基于原生架构的全渠道业务平台解决方案，将不同渠道通用功能在云端合并，建立全局共享的商品中心、库存中心、订单中心、营销中心、结算中心等。

无论哪个渠道调整，信息系统都能根据业务需求快速响应。全渠道业务平台不仅彻底摆脱了传统信息系统拖业务后腿的顽疾，还将全渠道数据融合，为精准营销、统一用户体验奠定了基础，让特步真正实现了数字化转型。

此外，特步不断加强全渠道平台建设，耗时6个月完成了交付部署。随后又用4个月在全国42家分公司、6000家门店上线。现在特步的营业情况已经有了进一步改善，销售额也在十分稳定地增长，转型效果比较明显。

特步的全渠道策略为市场爆发铺平了道路。如今，特步业务部门对信息系统的认可度持续上升，80%的前台应用已经运行在零售平台上，实现了技术驱动业务的创新。

2.3 企业对数字化转型的布局

学会主动转型是优秀企业的必备技能，每一次科学技术的升级都会为企业带来平等的跨越式发展,如果不能抓住数字化转型的机遇,企业很可能会被同行赶超。因此,无论处于什么领域的企业,都要尽快开始进行数字化转型的布局。企业可以先从沉淀数据做起,创新业务模式,满足用户需求,始终行驶在时代前进的航道上。

2.3.1 先从沉淀数据做起

数字化时代,一家能够将数据进行有效整合的企业,就拥有更大的经营优势。如何对产品数据、用户数据进行整合、挖掘、分析、预测,已经成为企业进行数字化战略布局的重要课题。

数字化转型的本质是对业务流程的各个环节重新进行定义。企业的数字化程度则决定了转型的起点以及核心路径,数字化程度越高的企业,实现数字化转型的核心路径也就越短。例如,传统企业需要在实现业务的系统化、在线化、信息化后,将自有数据进行沉淀、整合以及进行数据化处理,最终实现业务智能化,如图 2-2 所示。

图 2-2 传统企业的数字化转型路径

随着数字技术的发展,企业关于用户行为的数据记录越来越详尽。如今,企业可以将各渠道内蕴含用户消费习惯、使用偏好、个性化需求等高价值的数据进行收集。如果能将企业的自有数据进行沉淀,并根据用户的行为偏好不断调整,就可以建立更精准、更立体的用户行为模型,从而为企业实现数字化转型提供有力的支撑。

在建立用户行为模型后,就可以更准确地了解用户需求,从而将产品信息和优惠活动精准投放给需求用户,为用户提供舒适、便利的个性化服务,最大限度地实现用户转化率和用户活跃度的提升,增加企业的盈利点。

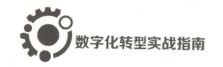

数据是实现数字化转型的关键，企业的数字化转型布局也要从沉淀数据做起。如果能尽快完成数据的整合、治理等工作，就可以有效增强企业的数字化能力，帮助企业优化现有的业务模式以及运营策略，加速企业的转型进程。

2.3.2 不同企业的数字化转型时间

无论企业规模大小，增强数字化能力都将是实现转型的主要方向。如今，数字经济虽然已经悄无声息地融入每个人的生活中，但由于各行各业受到的冲击不同，数字化的渗透程度也有所不同。部分企业尚未开始转型，而部分企业已成功实现数字化转型，并进入了稳步发展的阶段。

无论是作为数字化发源地的互联网行业，还是积极进行数字化探索的零售行业，都曾经出现过数字化的大规模爆发。但爆发的时间有前有后，与行业的发展阶段也并不完全对应。因此，很多人最多也是根据行业的属性、发展规律、数字经济的影响程度等因素进行粗略的预测。例如，媒体、金融等行业发展较为成熟，且受数字经济的影响较深，最早开始数字化转型；娱乐、零售等行业受到的影响较低，是第二批开始转型的行业；医疗、教育等行业还处于发展阶段，受到的影响也不高，最近才开始转型；建筑、农业等传统行业几乎没有被数字经济影响，进行数字化转型的企业也寥寥无几。

那么，不同行业是否存在最佳的转型时间，是否应该在同行业的大多数企业都在进行转型时再开始呢？

这两个问题的答案都是否定的。实际上，可以将数字化转型简单地视为长跑比赛，先到终点的人就是胜利者，转型成功的企业就有更多的机会建立变革行业的竞争优势。正因如此，尚未开始数字化转型的企业必须把握这个机会，综合考量自身的数字化实力，立即制定转型方案，加速内部数据的沉淀，尽快部署行动，着手转型。

2.3.3 品牌形象数字化加速传播

在产品同质化越发严重的市场环境下，企业要想长远发展，借助技术的"东风"已经是公认的趋势。在破解同质化难题方面，大多数企业想到的都是从包装、外观、价格、功能等方面改进优化，于是就造成了很多企业的产品形态类似、用户群类似、发展目标类似的局面。

对此，企业需要借数字化转型的力量，加速形象渗透，让品牌形象更深入人心。品牌形象如果实现数字化，就能在互联网中发现、创造需求，实现全网营销。美国品牌管理专家罗诺兹和刚特曼曾提出："品牌形象是在竞争中的一种产品或服务差异化的含义的联想的集合。"也就是说，品牌形象是一种能被消费者感知的品牌差异化要素的集合。

传统品牌形象的传播主要以纸质媒介为主，包括报纸、平面广告、宣传海报等。虽然电视的普及让广告"动"了起来，但品牌形象依然是利用平面的企业标志和名称来表现的。随着计算机的普及和应用，网络成为新的传播媒介，品牌形象数字化设计也因此被提上了日程。品牌形象数字化设计包含三大价值维度，即媒介属性、传播环境和受众心理。

1. 媒介属性

在数字时代，传统媒体和数字媒体并存。这要求企业在传播品牌形象时必须对色彩和展现方式有更高的要求，不仅要注重创新，还要保持一致。

企业应考虑不同传播媒介的特点，利用其特点，合理推广品牌形象。例如，很多品牌都在B站（bilibili，哔哩哔哩）设立了账号，按照B站二次元、动漫、个性化的特点打造一个既符合企业形象又符合B站形象的IP。

2. 传播环境

媒介数字化营造了数字化的传播环境，在这样的传播环境下，品牌形象要体现出多维性、交互性、表现性。品牌形象不能只是简单的平面符号，它应该是立体的、有声的、有情感的。例如，英特尔公司的广告将声音作为品牌形象，在不断重复后，消费者一听到这个声音马上就能想到英特尔。

另外，不少品牌让虚拟代言人在设备中"活"起来了，消费者可以在使用产品的过程中与其进行简单的交互，从而进一步感知品牌形象。例如，"汤姆猫"互动游戏就是交互体验的代表。虚拟代言人和交互技术结合，让品牌形象的宣传贯穿产品的售前和售后。

3. 受众心理

在数字化的传播环境中，受众对品牌的刺激会有更敏感的反应。当今社会，受众更渴望表达个性、更偏好独立做出判断、更希望与品牌直接沟通。因此，品牌形象在传播时要让受众有更积极的心理体验，同时，还要鼓励其参与到品牌形象的传播中来，让他们觉得自己是品牌的一部分。

例如，微博是品牌形象塑造的重要媒介。品牌在微博中与粉丝互动，回复评论等行为，都可以拉近与受众的距离，让受众感知品牌对其的关心和重视。另外，在互动过程中，企业要注意沟通的语气，遵循品牌形象的定位，打造积极的品牌形象。

数字化转型为品牌形象建设带来了机遇，也带来了挑战。企业要更加关注数字化时代最新的动态和特点，才能在数字化时代打造出成功的品牌。

2.3.4 创新消费体验，双向共赢

当前，消费已经成为国民经济增长的主要驱动力之一，但居民消费仍受制约，如何促进消费市场发展，优化消费者体验，是广受社会各界关注的问题。在传统的商业模式中，企业与消费者多为交易关系。而随着数字化、智能化技术的发展，新商业模式不断涌现，企业与消费者不再只是单纯的交易关系，而是链接与服务的关系。

在数字化时代，企业平台化发展，平台经营者通过技术创新和商业模式创新，借助数字化、全渠道等方式与消费者建立了更全面的接触，形成全面链接、双向共赢的关系。例如，零售行业通过数字化技术重构零售通路，帮助本地零售企业全面数字化，以更直接地连接消费者，第一时间获取消费者的反馈，从而提升服务水平，使消费者获得更好的体验。

新技术的发展，不仅能提升消费体验，还能保护消费者的消费安全。例如，在生鲜领域，数字化让产品实现了全程可追溯，从产地到卖场甚至到消费者家中皆可进行信息跟踪。产品质量安全有保证，消费者就可以买得更放心。

在超市卖场中，标价与实际价格不符也是消费者经常投诉的问题。电子价

签系统就能很好地解决这个问题，避免因标价誊写错误或更换不及时而引起的误会。数字化的标价方式可以及时准确地表示产品价格，让消费者安心消费。

促进消费不能落下任何群体。当前，我国老年人口越来越多。在消费模式数字化、智能化的同时，不能将老年消费群体遗忘，"适老化"是各大企业数字化转型亟须解决的问题。例如，一些线上购物平台针对老年人不会打字的问题，推出了语音检索功能，降低了老年人使用产品的门槛。除此之外，这些平台还邀请了一些老年人作为"买菜体验官"，收集他们的使用反馈，不断根据老年人需求迭代产品，让老年人有更好的消费体验。

2.3.5 Nike 的数字化转型之道

在过去的几年里，Nike 逐渐从传统的运动品牌向贩卖运动风尚的高科技服务企业转变。这个改变也是 Nike 在数字时代对互联网新兴企业发起的挑战。比技术优势更重要的是视野，Nike 用互联网的眼光审视自身，使自己成为贩卖运动风尚的服务类企业。

近几年，Nike 通过推出 SNKRS App、同名微信小程序等数字产品更高效地接触自身的核心用户群，打造数字化生态，同时还积极推动新零售模式的产生，促进零售模式的数字化转型。最近新推出的 Nike App，很可能成为 Nike 实现数字化转型的核心节点。

除了购买衣服、鞋子等运动装备之外，用户还可以通过 Nike App 浏览 Nike 的相关资讯，定制专属的 Nike By You 服务。在不久的将来，Nike 也会与其他软件进行链接，将旗下多个应用的用户数据全部整合在 Nike App 中。

Nike 走在运动品牌的前沿，提前对企业的数字化转型进行了部署。Nike App 也帮助 Nike 建立了 1 对 1 的深度会员制度，使 Nike 与各类健康服务商建立了链接，致力于为用户提供更好、更快、更个性化的服务体验。

这种数字战略也是 Nike 品牌战略的一部分，它背后的数字运动部门与产品研发、推广营销等重要部门级别相同，具有极高的战略地位。在数字运动部门成立之前，上述项目的运营都是由营销部门中的数字营销团队负责。这种架构调整也充分说明运动数字化在 Nike 的战略地位。

Nike 将可穿戴的智能硬件与 Nike App 相连，搭建了新型的营销渠道，用户

可以借助这个平台相互交流与分享使用体验，在增强品牌忠诚度的同时，还不断为Nike带来了新用户。Nike的一位店长曾表示，在北京市场中，40%的用户在购买了Nike出品的跑鞋后，还会继续购买其他产品。

有敏锐的时尚潮流嗅觉的用户是Nike的目标群体，这些用户的喜好也在急速地变化着。如果Nike无法与他们建立更符合时代特征的新型连接，就很可能被他们抛弃。因此，Nike以最快的速度启动了数字化转型，并通过这种方式与目标用户同呼吸、共命运。

当然，这些技术项目的启动也只是Nike实现数字化转型的起点，Nike的最终目标是完成数字化系统与流程的建设工作，将固有资产与数字化文化相结合，并借此与那些快速行动的互联网企业一争高下。

2.4 数字化转型的配套措施

随着企业数字化转型的推进，企业中精通数字技术的人才越来越多。这些人才对企业的期望不仅是更大的灵活性、更高的薪酬和更好的工作环境，还有尊重他们想法和价值观的领导。这意味着，企业领导者需要转变自己行使权力、管理员工的方式，才能适应企业数字化转型的趋势。

2.4.1 愿景、使命、核心价值观

愿景是企业的理想抱负，是企业发展的方向；使命是企业的责任，是通往愿景的途径；核心价值观是基于共同的愿景和使命，对未来所持的思维方式和观念。在企业数字化转型的过程中，重塑企业的使命、愿景、核心价值观，可以帮助企业明晰数字化转型的蓝图、责任和实施方式，顺利完成数字化转型的各项工作。

1. 明晰数字化转型的愿景

愿景是企业未来的目标，它为企业指引方向。缺乏数字化转型的愿景，会导致数字化转型方向不明确。对此，企业可以从两方面着手，确立数字化转型的愿景。

第一，站在未来看现在。当今世界，新一代数字技术成为企业发展的驱动力，企业的生产方式、管理方式都在发生根本性的变化。可以预见，在未来的十年、二十年内，数字技术将彻底改变企业的生存环境和运营体系。因此，企业应着眼未来的企业形态，制定数字化转型愿景。

第二，立足现在看未来。数字化转型是一个长期过程，企业应在仔细评估自身状况的基础上，立足自身资源优势，结合行业发展趋势及整个行业的数字化进程，确立数字化转型的愿景，打造一个相对准确的未来蓝图。

2. 确立数字化转型的使命

使命是企业较长时间内需要达到的一种状态。确立企业数字化转型的使命可以形成时间紧迫感，推动企业各部门思考自己的责任和任务。

企业可以从内部、外部两个视角确立数字化转型的使命。

第一，内部视角。企业内部数字化转型的使命是让企业用数字技术来解决内部问题，形成具有自身特色的数字化管理模式，如用数据决策、用数据驱动业务等。

第二，外部视角。企业应认真分析客户、供应商、服务商等角色在数字化转型中的各类问题，掌握这些角色的数字化转型需求，如数据互通、开放共享、建立灵活交互的生态等。

3. 树立数字化转型的核心价值观

核心价值观是数字化转型的思维方式和行动指南。拥有正确的价值观，才会有正确的数字化转型思路，才能指导企业进行积极的行动，从而收获积极的结果。如果企业不能树立正确的数字化转型价值观，那么很可能会犯错误，给企业造成不可挽回的损失。

要想树立正确的数字化转型价值观，企业可以从以下几个方面考虑。

第一，技术向善。技术虽然是中立的，但技术改造的业务却有可能对人造成伤害。随着互联网、大数据、人工智能等技术的广泛应用，技术对客户的影响越来越大，企业应该有强烈的道德责任感，将技术向善作为企业价值观。

第二，以客户为中心。客户是企业生存发展的基础，也是数字化转型的出发点和落脚点。以客户为中心的价值观，要求企业注重客户体验、服务和需求，并以此来指导企业数字化转型工作。

第三，肩负社会责任。企业是社会的一部分，数字经济时代，企业、社会、客户、公共服务的边界被不断打破，成为社会活动的重要主体。因此，企业在享受数字经济时代各种便利的同时，还要肩负社会责任，这是企业数字化转型的义务。

2.4.2 领导力：管理者必须能创新

管理学大师彼得·德鲁克曾言："企业家就是一群善于创新的人，创业精神本质上等同于创新精神。对于面临数字化转型的企业家而言，创新精神尤为重要。"研究表明，一个具有创新能力的管理者具有五大技能，即质疑、观察、试验、建立人脉和联想。这些技能综合起来构成了"创新者DNA"。

质疑让管理者突破现状，思考新的可能性；观察让管理者能够探索客户、供应商和其他公司的行为细节，发现新的商业模式；试验让管理者不断尝试新的经验，探索新的世界；建立人脉让管理者结识不同的人，获得完全不同的视角。上述四种行为是管理者展开联想的基础，这些新想法汇聚在一起，最终驱动创新。

1. 质疑能力

质疑能力是提出问题的能力，一个好的问题往往会激发许多的答案。彼得·德鲁克曾言："最重要、最艰难的工作从来不是找到对的答案，而是问出正确的问题。"这种质疑能力会为解决问题打开一个新的思路，让管理者发现另一种可能性，这种可能性往往是创新的突破口。

2. 观察能力

创新者善于从不同角度去观察世界。因此他们会对常见的现象进行更加详细的审视，从而提出不同寻常的商业创意。印度企业家拉坦·塔塔因看到了一家四口挤在一辆摩托车上的情景，产生了"生产全世界最便宜的汽车"的想法。随后经多年研发，塔塔集团通过模块化的生产方式生产出了售价仅2500美元的汽车Nano，这款车型颠覆了印度的整个汽车市场。

3．试验能力

同科学家一样，创新能力强的管理者会积极尝试新的想法。正如爱迪生所言："我并没有失败，我只是发现了 10000 种行不通的方式。"这些管理者把整个世界当成他们的实验室。

亚马逊创始人贝佐斯认为试验是创新的重要组成部分，他甚至把试验作为一项公司制度。贝佐斯说："我鼓励员工去钻牛角尖，进行试验。如果能使流程分散化，就可以进行大量的低成本试验，这意味着公司将得到更多的创新。"

4．建立人脉的能力

普通管理者搭建人脉只为获取资源、推销公司，而创新型管理者则是为了有意识地结交各领域的专家。

RIM 公司创始人迈克尔·拉扎里迪斯曾表示，黑莓手机的灵感来自他在 1987 年参加过的一次会议。当时一位发言者描述了为可口可乐设计的无线数据系统，可以让自动售货机自主发出补货信号。于是迈克尔·拉扎里迪斯想到了将无线技术和计算机整合起来。

5．联想能力

联想能力是把一些看似无关的问题关联起来的能力，是创新者的核心能力。弗朗斯·约翰松曾提出"美第奇效应"，是指文艺复兴时期，意大利的美第奇家族曾将不同领域的人才聚集在一起，如画家、科学家、诗人、哲学家、建筑师等，结果新创意在这些领域的交叉点上不断涌现。

乔布斯也是一个具有强大联想能力的人，例如，iPad 就是一个通过"联想"得到的产品。首先做一个大容量的随身听 iPod，然后加上了多点触控技术的 iPod 就变成了 iPod touch，给 iPod touch 加入通信功能就是 iPhone，将 iPod touch 的屏幕变大就是 iPad。

创新思维并不是与生俱来的，它需要在实践中不断发展和强化。管理者需要坚持与别人想的不一样、做的不一样，不断理解、强化"创新者 DNA"，才能提升自己的创新能力，从而帮助企业找到更有效的创新方法。

第 3 章 数字化转型技术基础

在对多数产业进行深度改造后,互联网技术已经成为各领域发展的新动力,使得许多传统产业焕发出新的生机与活力。越来越多的企业开始深度挖掘企业内部沉淀的数据,利用大数据、人工智能、云计算、物联网和区块链这 5 项数字化技术,促进业务场景的发展以及业务模式的创新。那么,企业应该如何利用这些技术改造现有业务,实现数字化转型呢?

3.1 数字化转型与大数据

在政策支持与数字经济快速发展的双重推动下,大数据技术迎来了发展机遇期。企业要系统地推进大数据的布局与应用,促进大数据技术与企业业务的深度融合。借助大数据平台实现数字化转型已经成为企业突破发展瓶颈的重要手段,大数据技术最终会在各领域内沉淀为场景化产品。本节主要探讨在数字化转型的背景下,大数据具有怎样的商业价值,企业该如何应用大数据,并介绍了数据仓库与立体数据模型的应用实例。

3.1.1 大数据的商业价值

谷歌人工智能机器人 AlphaGo 挑战世界围棋冠军李世石的事件引起了世界各国围棋爱好者及科技行业人士的广泛关注。最终 AlphaGo 五局四胜,打败了李世石。对于这一结果,最淡定的就是大数据圈内的人士了。

六禾创投总裁王烨表示:"AlphaGo 的胜利,实际上是神经网络的胜利,而背后的原理就是大数据。AlphaGo 在 3500 万个棋谱中不断学习，自学能力非常强。换而言之，机器有了大数据的支持，不光能够超越你，还能够帮助你想到你没有想到的解决方案。大数据时代已经到来。"

如今，大数据的应用领域日益广泛，如果能了解大数据蕴含的商业价值，就可以更有针对性地进行数据收集，更精准地判断用户需求，为其提供个性化、差异化的产品或服务，实现利益的最大化。大数据的商业价值主要体现在以下几个方面。

1. 精准划分用户群体

大数据极大地降低了用户数据的分析成本，使得企业可以根据用户的消费习惯、消费水平等将用户群体进行划分，对不同的群体采取不同的服务方式。同时，企业还可以对不同群体的用户进行更深层次的分析，从而增强用户黏性，降低用户流失率。

2. 个性化推荐

在获取大量的用户数据后，企业还可以通过智能分析算法为用户提供个性化推荐。淘宝的商品推荐、应用商店的软件推荐、网易云音乐的歌曲推荐等都运用了这个原理。当了解用户偏好后，企业就可以将其进行商业化延伸，实现营销推广的精准投放。这样不仅可以有效节省营销成本，还可以增强营销效果，最大限度地提升投入产出比。

3. 模拟真实环境

在存储了海量的用户数据后，企业就可以将产品使用效果、用户需求等进行数据化处理，从而通过数据模拟真实环境，满足用户更深层次的需求。例如，天津地铁 App 会通过实景模拟的方式预测站内客流量，为用户提供车站客流热力图，使得用户可以更好地制定出行计划。

4. 加强部门间的联系

即使是对于同一个用户，生产研发、宣传推广、售后处理等部门需要的数据分析结果也有所不同。数据共享程度的提高，不仅可以提高数据的利用效率及挖掘深度，还可以增强各部门之间的联系，提高整个产业链的运作效率。

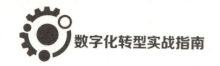

用户数据作为一种新型生产要素,已经成为企业宝贵的经济资产。如今,所有的创新、价值都来自用户数据。在抓住大数据的商业价值后,就能更精准地把握时代脉搏,更好地实现传统产业的转型升级。

3.1.2 企业如何应用大数据

随着互联网技术的快速发展,企业对于数据的收集、整合、处理、存储等应用能力也有了显著提升,大数据的应用范围也随之扩大。然而,由于企业的发展层次不同,它们的科技发展水平也不同,许多企业还面临着数据来源不统一、无法实现数据互通、难以获得安全保障等问题。

为了充分发挥大数据的价值,促进大数据在企业中的应用,企业可以采取以下措施。

1. 建立数据共享体系

在了解现有的数据流通规则后,企业就可以综合考虑各部门的业务需求,建立更规范、更实用的数据流通规则,从而加强大数据技术对企业创新发展的推动作用。例如,可以对企业的各项业务进行梳理与分析,绘制出各部门内部以及各部门之间的数据流通情况图,从而建立完善的数据共享系统,破除企业内部的数据壁垒。

2. 推进基础设施建设

充分发挥大数据技术的数据采集优势,加强重点领域的基础设施建设,扩大数据采集的范围,提升被采集数据的质量。同时推进大数据中心的建设工作,为各行业提供数据支撑,为实现大数据技术的稳定发展夯实基础。

3. 推进数据共享

充分发挥大数据中心的纽带作用,将大数据中心作为数据共享平台,建立完善的数据分级规范,明确各企业之间的权利与责任,推进企业之间的数据共享。

4. 培育数据人才

如今,各企业都面临着前所未有的机遇和挑战,应尽量做好培训的相关工作，打造出一支能力很强、素质很高的团队，以适应市场经济的变化。例如，可以对在职员工进行技能培训，提升他们的数据应用能力，促进企业的可持续发展。

5. 完善数据安全体系

企业还需要完善数据的安全保障体系，加强数据的安全防护，避免发生数据泄露的情况。例如，完善数据安全体系，基于企业特色制定数据安全标准，并建立对应的反馈机制与惩罚措施，严格管控数据的安全问题。同时，还可以进一步加快数据安全防护技术的研发工作，为数据共享提供安全保障。

大数据可以帮助企业优化资源配置、提升产品质量、降低生产成本，精准地将产品或服务投放给需求用户。因此，企业应充分认识并发挥大数据的价值，使其成为企业实现高质量发展的基础推动力。

3.1.3 数据仓库与立体数据模型

数据仓库可以通过建立立体的数据模型更好地实现数据的存储与管理工作，可以增强企业决策的科学性和可行性。下面就针对几种经典的数据模型简述数据仓库对企业的重要意义。

关系模型、维度模型、Data Vault 模型是数据仓库中最主要的立体数据模型，企业可以根据实际的业务场景进行选择。

1. 关系模型

关系模型是指在梳理业务环节之间的关系后建立的模型，颇受数据仓库创始人 Bill Inmon 的推崇。关系模型的建立需要从企业的角度出发，将企业的主题进行抽象化处理，而不是使具体的业务流程与执行实体的关系抽象化。通常情况下，企业会在对数据的质量存在一致性的要求时使用这种模型。

2. 维度模型

维度模型将业务拆分为事实表与维度表，并按照这种结构构建立体的数据模型。维度模型通常会将事实表放在中心位置，维度表则围绕在事实表的四周，这种方法也被形象地称为星形模型，如图 3-1 所示。

图 3-1 维度模型示意图

维度模型针对每个维度都进行了充分的预处理，如整理、统计、排序、分类等。对于分析部门内的小规模数据具有绝对的性能优势，因为在经过预处理后，数据仓库的数据分析能力将得到显著提升。同时，在维度划分合理的情况下，星形连接是最高效的数据传递方式之一，能大幅提升访问效率。因此，必须充分收集用户反馈，并通过反馈数据对维度模型的结构进行调整。

3. Data Vault 模型

Data Vault 模型的建立需要对数据的来源进行追踪，因此其中的每个数据集都需要承载数据来源、装载时间等基础属性，从而计算数据的其他信息。Data Vault 模型会保留操作型系统的全部数据，不会对数据进行验证或清洗。这种拆解方式更适合构建数据仓库的底层，会提升分析业务场景的复杂程度，因此并未得到广泛的推广。

数据仓库与立体数据模型是大数据的重要应用方式，建立数据模型也是设计数据仓库的重要步骤，企业应根据应用需求选择最合适的模型。

3.2　数字化转型与人工智能

大数据、云计算、物联网等数字技术的发展，为实现人工智能技术的进一步升级打下了扎实的基础。那么，人工智能的发展阶段与分类是怎样的，企业应该如何将这项技术用于数字化转型，又该如何制定智能战略？具体可以从以下几个方面入手。

3.2.1 人工智能发展阶段与分类

人工智能的发展可以用一波三折、命运多舛来形容。关于人工智能发展的历史，业外人士鲜有人知。许多人都认为现在人工智能的迅速火热是媒体大力宣传的结果，是商界大咖争相使其商业化的结果。其实不全是如此，人工智能的迅速发展还要遵循其自身发展的内在规律。

人工智能的发展已经有 60 余年了。60 年里，有过"春暖花开"，更有过"凛冬劫难"。60 年里，人工智能的发展可谓三起三落。

人工智能其实早已不是新名词，最早由计算机专家约翰·麦卡锡在美国的 Dartmouth 学院举办的一次会议上提出，时间为 1956 年，这也被后人称为人工智能正式诞生的标志。

1956 年人工智能的主打方向是逻辑推理，可是逻辑推理只能解决一些逻辑方面的问题，对于更贴近生活的问题，人工智能无能为力。另外，由于科技的进步，事物的复杂程度升级，一些简单的人工智能不再能够适应社会发展的需求，第一阶段的人工智能开始走向没落，进入凛冬。但是科学家对人工智能的热情仍没有衰退。

在 1980 年，卡内基·梅隆大学开始了新一轮的人工智能技术研发。此时人工智能的主打方向是专业知识，方法是给计算机编写关于专业领域内核心知识的程序，使计算机能够像专家一样思考，为人们解答疑惑。起初是非常成功的，但是好景不长，到 1987 年，Apple 和 IBM 公司生产的台式 PC 都超过了拥有"专业知识"程序的通用计算机，挤占了它们的产品市场，另外研发的成本也逐渐增高，于是人工智能的发展再次进入凛冬。

2006 年至今是人工智能发展史上的第三个春天，此时人工智能的主打方向是机器学习。随着谷歌 AlphaGO 战胜韩国围棋高手李世石，人工智能才迎来了新的高峰期。这一时期，智能机器通过自主学习，显得更加智能化。另外，此时科学技术又上升了一个大台阶。社会各界，无论是商业大佬、学术大咖、科技大师，还是政府机构都对人工智能的发展寄予了厚望，所以人们将目光都聚焦在人工智能的发展上也是理所当然了。

21 世纪是人工智能的时代，人工智能技术作为最重要的技术资源已经逐渐融入人们的日常生活中，为人们的生活带来了极大的便利。人工智能的提出者约翰·麦卡锡教授将其定义为"创造智能机器的科学和工程"。如今，人工智能这个概念得到了进一步的延伸，成为计算机科学的一项分支技术，开始用于执行那些需要人类智能的复杂任务。

许多人都将人工智能分为专用型和通用型两种，但更确切地说，它们是人工智能发展的两个阶段。

专用型人工智能是人工智能发展的初级阶段。这个阶段的机器不具备模拟人类思考的能力，它们只能执行系统内部预设的简单任务。语音助手 Siri、搜索引擎 Alexa、围棋机器人 Alpha Go，甚至类人机器人 Sophia 都是专用型机器人的一种。实际上，目前的科技水平仍处于初期阶段，基于当前科技制造出的智能体都属于专用型人工智能。

通用型人工智能是人工智能发展的高级阶段。这个阶段的机器将拥有人类的思考和决策能力。目前，通用型人工智能仍处于开发阶段，尚未出现公开的通用型人工智能实例。但以目前的科技发展速度来说，这一阶段离人类并不遥远。

实际上，包括霍金在内的很多科学家都认为这种人工智能还会继续发展为超越人类的超级人工智能，最终像科幻作品中描述的那样威胁人类的存在。霍金认为："人工智能的完全发展可能意味着人类的终结……它将自行腾飞，并以不断增长的速度重新进行自我设计。人类受限于缓慢的生物进化过程，无法参与竞争，最终将被完全的人工智能取代。"

3.2.2　5G 与人工智能结合

现在，很多技术都开始和人工智能结合。5G 和人工智能相辅相成，二者携手可以使经济价值得到释放，是一种相辅相成的关系，具体可以从以下 4 个方面进行说明。

1．5G 促进人工智能的发展

5G 具有低延迟、高速度、大容量的特点，这些特点可以助力智能设备的大规模使用。以低延迟来说，延迟是指信号从发送到接收的时间，这个时间越短，对智能设备就越有利。例如，通过低延迟的智能设备，医生可以为患者远程操作一台阑尾炎手术。在这个过程中，医生的指令会在第一时间被传递，从而有效保障患者的生命。

2．5G+人工智能=多样化场景

5G 和人工智能的结合使二者的应用场景更加多样。在未来，会做饭的机器人、准时接送孩子的无人校车等都可能会出现。

现在，在 5G 的助力下，人工智能越来越多地被应用于人们的日常生活。无论是公园的智能清扫车，还是图书馆内的人工智能流动车，或是远程操控的汽车等，都在逐渐涌现。此外，像矿区、灾区的危险作业，智能港口管理等这些更大范围的应用也可以看到人工智能的身影。

3．智能设备的数据处理

国际相关机构 Statista 提供的数据显示，预计到 2035 年，智能设备产生的数据量将超过 2100ZB，如果要处理如此巨大的数据量，那就必须充分发挥 5G 的力量。在 5G 的助力下，智能设备之间的数据传输、处理会变得更加快速，也更加具有规模。

4．5G 的瓶颈

虽然 5G 下的人工智能出现了可喜景象，但从目前的情况来看，5G 还存在一些不得不解决的瓶颈。首先，在 5G 当中，智能设备基本上都是相互连接的，这导致攻击者很容易就能造成混乱；其次，5G 推出以后，智能设备的交易会比之前增长很多，而目前中心化和去中心化的基础设施很难或者根本无法承载如此巨大的增长。

在看待 5G 和人工智能的结合时，必须用发展的眼光和立体的角度，这样才能充分感受到两者的价值。而且，在正确架构的指引下，边缘计算、虚拟现实、物联网等技术也将发挥作用，使人们的工作和生活发生巨大变化。

总之，人类的每一次进步都伴随着工业的飞跃式前进，每一次工业的飞跃式前进都是在新技术的推动下产生的。人工智能可以通过内置的数据结构进行自我升级，满足了人类社会发展更高级别的要求，无疑是行业发展最重要的引擎之一。

3.2.3 人工智能在数字化转型中的应用

得益于大数据、云计算、物联网等数字技术的成熟，人工智能技术在近几

年实现了突破性的进展。发展至今，人工智能已经成为数字化转型的核心引擎，得到了前所未有的重视，被广泛应用于各行各业中。下面以零售、交通、教育、物流行业为例，简述人工智能技术在数字化转型中的应用场景，希望能够给大家提供一些启示。

1. 零售行业

人工智能包含的机器学习、图像识别、自动推理等技术，使计算机可以智能识别产品信息，从而实现产品分拣、装配等环节的生产自动化。此外，人脸识别技术也能有效帮助零售行业记录如性别、购买产品、滞留时长等用户信息，从而建立用户画像，进一步提升用户的转换率及复购率。

2. 交通行业

交通行业通常以物联网为技术基础，借助传感配件、云端系统构建智能交通体系，并利用人工智能分析道路的基础情况、车流量等信息，从而实现对道路情况的智能监控。这样不仅可以有效减轻交通管理人员的工作负担，还可以提升道路的通行能力。

3. 教育行业

如今，语音识别、文字处理等技术日趋完善，计算机可以自主实现对各类信息的收集、分析和整合，越来越多的学校开始大规模地实行计算机阅卷。不仅如此，许多课外机构也开始将纠正发音、在线答疑等工作交给人工智能完成。这也在一定程度上解决了教师资源分布不均衡、补习费用高昂等一系列的问题，同时也为学生提供了更舒适的学习环境，有效提升了他们的学习效率。

4. 物流行业

配送、装卸是物流行业中最繁杂的流程，人工智能技术可以将货物数据进行智能分析，自动生成资源配置方案的最优解，进一步打造灵活多变的动态运输网络，从而实现对这两项流程的自动化改造，全面提升货物的运输效率。

随着数字技术的发展，越来越多的企业认识到实现业务智能化的重要性，人工智能对数字化转型的推动作用也日益增强。在未来，人工智能也将与互联网一样融入各行各业中，实现各行业服务体系、价值体系的创新，为经济发展提供重要的推动作用。

3.2.4 智能时代，企业如何制定战略

多项数字技术的有机结合驱动了人工智能的发展，人工智能也汇聚了这些数字技术的综合影响力，成为科技领域中最热门的话题之一，引领了新一代科技潮流。智能时代，制定人工智能战略是企业建立核心竞争力的前提。那么，应该如何制定科学、合理的人工智能战略？

1．构建创新型思维

企业的数字化转型是在不断探索中实现迭代升级的过程，就像进行科学实验一样，最初的论断可能会在探索的过程中出现错误，也需要不断地利用最新数据验证自己的猜想。因此，企业的管理人员应该构建创新型思维，从而构想出指导性更强、可行性更高的发展目标，并为之制定相应的智能战略。

2．建立数据团队

人工智能战略的监督和管理工作需要由专业的数据团队进行，团队成员需要具有业务、技术或者数据分析等方面的专长，并具有部署与维护管理系统的技术能力。只有这样，才能保证制定出的战略切实可行，在战略的推进过程受到阻碍时，也能及时获得专业人员的分析与解决。

3．建立健壮的数据生态

人工智能战略的执行需要建立在大量数据的基础上。因此，建立一个健壮的、能够获取高质量数据资源的数据生态程序是至关重要的。这就要求在不牺牲数据安全性的前提下，利用多层次的办法协调数据访问的灵活性，如引入语音、图像、文字等数据源，增强数据管理能力等。

4．严格制定评判标准

大到对于战略目标的要求，小到如何验证开发模型，任何环节都需要与数据团队达成一致。这是因为新建的人工智能模型总会对传统的质量标准产生变革，测试时的数据无法对生产实践产生指导作用，应该根据最新数据及时更新评判标准。

5. 建立 QA 与交付模型

完成部署后，需要将人工智能模式应用于信息技术实践中，并持续对其进行迭代与调整。在这个过程中，很难依照传统的战略模式制定迭代计划，也很难精准预测数据的更新间隔。这就要求建立相应的质量保证和交付模型，持续、稳定地对人工智能模型进行维护，维护时还需要严格遵循初始模型的开发方式。

以上就是人工智能战略的制定要点，大家应该充分把握这些要点，借助人工智能实现人与机器的协同发展，抢占行业发展的先机。

3.3 数字化转型与云计算

只有坚持自我革新，才能在激烈的市场竞争中保持领先地位。云计算可以为企业提供灵活的数据资产、降低企业的运营成本、提升业务的可扩展性，从而帮助企业缩短产品的研发周期、转变企业的业务模式，在营造数字化氛围、加速企业转型发展等方面发挥重大作用。

3.3.1 云计算有广阔的发展空间

云计算的本质是分布式计算，即通过网络将庞大的数据处理程序拆分为多个小程序，再将这些小程序的分析结果返回用户。其技术核心是虚拟化，但传统意义上的虚拟化与云计算在可扩展性、灵活性、灾难恢复、成本等方面都存在很大区别。

云计算作为实现数字化转型的基础技术之一，可以在保持业务相关性的前提下，帮助企业快速实现业务增长，提升企业的运营效率。同时，云计算还可以高效执行测试流程，帮助企业保持敏捷性，增强企业内部数据的安全性，降低系统故障可能带来的风险，具有广阔的发展前景。综合地看，云计算的发展前景主要体现在以下几个方面。

其一，互联网数据中心是云计算最基础的应用方式之一。随着数字经济的发展，我国的数据存量将出现井喷式增长。由于这项业务的利润十分透明，越来越多的企业致力于数据中心的建设工作。如今，一线城市的数据中心市场逐渐饱和，但在市郊、西部城区等电力成本较低的地区，仍旧存在广阔的市场。

其二，随着百度、阿里巴巴、腾讯等互联网龙头企业的深入挖掘，公有云的格局基本定格。但各行各业对于公有云的需求有所不同，诸如 UCloud、七牛云等为企业提供"行业云"服务的企业同样获得了良好的发展。针对不同的行业提供计算能力、安全、流量等方面的云计算服务，也是一个很好的机会。

其三，由于自身的数字化程度较低，传统企业在进行数字化转型时通常会寻求外部的技术支持，但那些需要严格保密的数据并不能使用公有云进行计算或存储。在这种情况下，混合云和私有云就可以满足这些企业的需求。同时，由于各大互联网龙头企业致力于公有云市场的挖掘，混合云和私有云的市场还存在大片的空白。

其四，建设致力于提供企业服务的 PaaS 平台和 SaaS 平台，同样是一个很好的机会，可以利用容器、服务器管理等技术解决企业需求。随着数据量井喷式的增长，数据的安全性管理需要重点关注，如果可以将被动防御升级为主动防御，也有机会实现利润的进一步增长。

其五，互联网时代将个人与企业的行为存储为非结构化的数据，大量的行为数据被存储在云端。如何筛选其中的有效数据，并将其进行分析整合也是数字时代的重要发展方向，如利用行为数据预测流感的爆发时间或企业经济增长的黄金时段等。

数字化转型要求企业打破原有的运营模式，实现业务、产品、服务等全方位的转型。企业只有坚持自我革新才能在激烈的竞争中保持领先地位。云计算就是推动企业创新发展的强效催化剂，是企业实现数字化转型的基石。在未来，企业 80%以上的业务部署都将在云端进行，云计算的发展空间极其广阔。

3.3.2 数字化时代的业务必须上云

通俗地说，企业的业务上云是指企业利用云计算技术实现自身业务与社会资源的链接。上云后的企业可以通过网络获取需求资源，这将显著降低企业的运营成本，提升企业管理水平，促进共享经济的持续发展。业务上云的常见类型如图 3-2 所示。

实际上，大多数传统企业的业务管理系统都还没有成功上云。业务上云已经成为企业实现数字化转型的必然选择，政府发布的大量相关政策、逐渐互联网化的数据平台以及逐渐成为数字化转型核心驱动力的云计算技术，都使得企业的业务上云成为必然。

图 3-2　常见的上云类型

1．政府发布相关产业政策

为了充分发挥数字技术的赋能作用，2020 年 4 月，国家发展与改革委员会以及中央网信办共同发布《关于推进"上云用数赋智"行动培育新经济发展实施方案》的通知，其中包含多条相关财税优惠政策。

2．数据平台逐渐互联网化

传统企业的管理系统通常只用于增强企业管控能力或扩大信息获取渠道，各部门之间的系统相互独立，系统间的各项数据并不共享。如今的企业管理系统越来越注重用户体验，开始根据用户需求不断迭代自身的数字化产品。

这种新型管理系统要求企业将数据平台以及前端的用户案例互联网化。为降低运营成本，许多企业都选择将遗留系统的硬件移植到云端，因而在某种程度上，由云计算承载可以被视为这种数据平台的先天特性。

3．云计算是数字化转型的核心驱动力

云计算汇聚了多项数字技术的特性，与传统技术相比，在数据的处理能力、迭代升级的速度以及计算性能的优化等方面都有显著提升。许多软件商为了提升自身产品性能，更好地融入行业生态，开始将云计算作为产品的主要技术架构。这种架构还可以帮助这些企业将资本性开销转变为运营性开销，极大地增强了企业财务模式的弹性，间接帮助企业实现了资本结构的优化。

如今，数据的安全风险越来越高。由于存储的数据大多处于共享状态，云计算天然具有一种风险防范机制。在企业实现业务上云后，就可以借助这种机制，提升数据的安全性，节省部分用于数据安全管理的开支。

3.3.3 华为云入驻良品铺子一体化平台

良品铺子是一家集食品研发、加工、零售等服务于一体的零食品牌。2021年12月，良品铺子已经开设线下门店2700家，线上渠道入口99个，入选"新春零食礼包礼盒品牌线上发展排行榜单TOP10"榜单第2位。2020年2月24日，良品铺子成功登陆A股，成为第一个实现A股上市的新零售企业。

不仅如此，良品铺子很早就开始进行了数字化探索。但如何处理重大促销活动期间激增的订单，保证系统平稳运行；如何突破网络壁垒，打造出全渠道一体化的智能零售平台；如何提升市场对新品的包容度，积极应对瞬息万变的零售市场。这些都是良品铺子在实现数字化转型的过程中不可避免的挑战。

随着华为云的入驻，良品铺子的一体化零售平台正式构建完成。华为云的扩展灵活性，使良品铺子可以轻松地应对百万级别的订单交付工作。同时，以华为云为基础的PaaS服务可以实现业务代码的复制，这也进一步提升了良品铺子的新品研发效率。从前，进行新品研发前需要花费3天时间部署产品测试系统。如今，代码复制功能使得搭建产品测试系统的时间缩短至3小时内。

这也意味着，除了从容地面对上述的各项挑战外，良品铺子还可以快速响应市场需求，实现精准营销，为用户提供极致的购物体验。选择华为云是对比多家服务商之后的决定。良品铺子首席信息官朱淑祥表示："良品铺子选择服务商是非常谨慎，选择华为云就是看中了华为云以客户为中心的服务理念以及对客户需求的快速响应和解决的能力。良品铺子将SAP系统部署在华为云上，通过华为混合云的解决方案满足良品铺子未来业务快速增长的需求。"

对于大多数企业而言，实现数字化转型都是一件困难的事情。但在获得华为云的技术支持后，良品铺子一体化零售平台的构建工作也就轻松地实现了。

这也是一条实现数字化转型的捷径。当挑选好合适的云计算服务商，并完成业务数据的迁移后，可伸缩的自适应云服务就可以帮助企业铺设数字化营销渠道，实现营销业务的数字化转型。

3.4 数字化转型与物联网

从全球范围来看，无论是 IBM 早期提到的"智慧地球"，还是思科倡导的"万物互联"，都是物联网的一种表现形式。在人们的日常生活中，物联网的相关应用也越来越多，如智能门锁、智能窗帘、蓝牙手环等。物联网是未来的一种发展趋势，思科在《2020 年全球网络趋势报告》中预测，到 2023 年，全球联网设备数量将达到 489 亿台。

3.4.1 万物互联真正实现了吗

约翰·奈斯比特在《大趋势》一书中记录的大部分预言都已经得到《金融时报》的证实。对此，约翰·奈斯比特表示："人们以为我预言的都是未来，其实我只是把现状写下来，20 年来我所写的都是已经发生了的事情，我所要分析的就是哪些事情会长久地影响社会。"

冯仑也曾说过同样的话："看见未来的人才有未来。"物联网技术的不断发展，为人们描绘出万物互联的发展图景。在"互联网+"的助力下，海量信息在全球范围内无成本地流淌，人与人、人与物、物与物都可以自由地进行连接，万物互联似乎已经成为现实。

但实际上，这一切才刚刚开始。

在首届世界互联网大会上，软银集团创始人孙正义预言："所有的事物将会通过物联网被连接起来。无论是手提计算机、手持的仪器，还是眼镜、衣服、鞋子、墙，甚至一头牛都有可能被物联网联系起来。……到了 2040 年，这样的现象会非常普遍，所有的人和物都会通过移动设备联系起来。所有的数据都会存储在云终端，具有非常高的处理速度以及非常大的容量。"他所预言的场景非常具有吸引力。事实也证明，互联网的确正以较快的速度向万物互联进化。在这种情况下，人与人之间的连接就会变得越来越紧密，连接方式也会越来越多。

从人类生活的角度来看，万物互联不仅实现了生活的智能化，也提高了人类的创造力。这样一来，人类就可以在享受高品质生活的同时做出更好的决策。从企业的角度来看，万物互联可以帮助企业获得更多有价值的信息，大幅度降低企业的运营成本，进一步提升用户体验。由此看来，万物互联确实拥有非常广阔的市场前景。

思科曾在一篇研究报告中对万物互联进行了深度预测。思科认为，发展至 2023 年，万物互联在世界范围内创造的价值将高达 19 万亿美元。但报告还指出，目前尚未实现互联的实物高达 99.4%。万物互联的发展之路任重而道远。

3.4.2 物联网平台有什么作用

物联网即"物物相连的互联网"，它利用射频识别（RFID）、无线数据通信等技术，实现实物与互联网的连接。在物联网构想中，射频识别是让所有物品发起"交流沟通"的一种技术，其电子标签中存储着规范且具有实用性的信息，无线数据通信网络可以将这些信息自动采集到中央信息系统进行识别，进而实现交换和共享，直至万物互联。

目前，物联网与先进的制造技术相结合，广泛应用于我国的工业生产。例如，物联网技术可以接入车载智能系统，帮助汽车进行路况识别，实现自动驾驶；物联网技术可以接入可穿戴设备，从而应用于医疗行业，将使用者的身体状况实时上传至中心系统；物联网技术还可以接入温室大棚，实时监测农作物的生长情况，并根据农作物需求自动浇水、施肥。

利用物联网技术将人、实物、数据、流程等内容进行结合之后，就有机会改变各行各业的运行方式。因为在物联网的作用下，参与经济活动的个体完全对等，同时每个节点都能有效维护体系稳定，无须设置中心化的高权节点。这也在一定程度上推动了全球化的经济共和，为世界带来前所未有的发展机遇。

经济共和为所有人提供了平等的经济权利。在以物联网技术为基础的经济运行方式里，每个个体的权利都由预先设定好的共识机制或者经过签署的智能合约决定，这也将全面推动经济全球化的进程。这种经济共和的意义体现为以下 3 点。

第一，经济共和没有地缘性特征，不会受到地域的限制。物联网技术使人们可以与大洋彼岸的其他人享有平等的经济权利。

第二，经济活动的频次多。无论是人力资本与资金资本的交换，还是资金资本与实物财富的交换，都是经济活动的体现形式。为满足自身生存需求，人们势必进行经济活动。在实现万物互联后，这种经济活动也会变得更加频繁。

第三，经济运行效率更高。预先签署的智能合约可以根据所有者的意愿进行经济活动，这将会使经济运行的效率达到空前水平。

一个全球化、流动性很强的经济已经展现在人们眼前，物联网技术也将以一种全新的方式创造人类经济活动的峰值。在实现万物互联后，便能够实现资源配置的最优化，全面推动全球化的经济共和，这也是物联网平台最重要的作用之一。

3.4.3　基于传感器的物联网支付方案

谈到各企业对于物联网的应用做出的种种探索，就不得不提物付宝。随着物联网技术的发展与传感器的广泛应用，物付宝为用户提供了一种从人到机器或者从机器到机器的支付方案，使用户可以实时接入物联网设备，以很快的速度完成支付。

物联网之父凯文·艾什顿曾经说过："物联网的价值不在数据采集，而在数据能否共享。"物付宝在此基础上进一步挖掘了物联网的真正价值——传感器的数据。所以，物付宝的眼光可谓非常长远。

由于数据的数量过于庞大，对有效数据进行采集与整理也变得十分困难，数据并没有被很好地利用起来，也没有发挥应有的作用。在这种情况下，可以进行数据分享和交易的全球数据市场也变得十分重要，打造成本更低、铺设更便捷的传感器网络体系也成为许多企业的重点项目。有人开始思考，既然数据是由传感器提供的，那么在获取数据的时候是不是可以直接把费用付给传感器？物付宝将这个设想变成了现实。

物付宝整合了全球的物联网数据，并以此为基础建立了一个去中心化的支付系统，实现了设备自盈利的目标。此外，为了实现物联网数据的共享和交易，物付宝还建立了一个物联网数据交易市场，致力于保障用户的支付安全，提升数据的传输效率。

在进入万物互联时代后，物付宝就可以借助任意传感器进行数据交易，各种设备都可以通过传感器实现与物联网的连接。例如，气象站可以利用传感器监测空气质量，并通过物付宝搭建的平台将这些空气质量数据销售给企业、机构甚至个人。

目前，物付宝已经对相关企业进行了整合，致力于制定一个符合实际的产业标准，进一步优化了物联网支付方案，获得了比较不错的发展。

3.5 数字化转型与区块链

区块链作为一项很受关注的前沿技术，整合了密码学原理、分布式存储、共识机制等多项互联网基础技术，极大地提升了用户的价值交换效率。随着越来越多的企业投入到数字化转型的浪潮中，区块链的应用场景也得到进一步拓展。那么，区块链的底层逻辑是什么，它将如何推进企业的数字化转型？下面就为大家来解答。

3.5.1 区块链的本质是分布式账本

当人们发现比特币在去中心化机构中运营和管理时，依然可以保持稳定、无误地运行。在这种情况下，区块链技术被人们抽象地提取出来。

区块链的本质就是"分布式账本"，其主要优势在于成本低、过程高效透明、无中介参与以及数据高度安全。与TCP/IP等底层技术相似，区块链在未来将会扩展到越来越多的行业中。在任意一个需求领域，区块链技术都有可能为其带来技术变革。

众所周知，一本账本必须具有唯一确定性的内容，否则它就会失去参考意义，这就使得记账自然成为一种中心化行为。在信息时代，中心化的记账方式覆盖了社会生活的方方面面。然而，中心化的记账方式却有一些软肋，一旦这个中心被篡改或被损坏，整个系统就会面临危机。如果账本系统承载的是整个货币体系，也会面临中心控制者滥发货币导致通货膨胀的风险。

中心化的记账方式对中心控制者的能力、参与者对中心者的信任以及相应的监管法律和手段都有极高的要求。那么，有没有可能建立一个不依赖中心及第三方但是却可靠的记账系统？答案是肯定的。

从设计记账系统的角度来说，系统的构建需要让所有参与方平等地拥有记账及保存账本的能力，但每个参与方接收到的信息不同，他们记录的账务数据也会有所不同。数据一致是记账系统最根本的要求，如果每个人记录的账单都不一致，记账系统也就失去了价值。

中本聪⊖构造的区块链系统，完美地攻破了这项难题。在信息时代，接入记账系统的每一台计算机被看作是一个节点，区块链通常会根据每个节点，在算力竞赛中的表现为其分配记账权。例如，在比特币系统中，算力竞赛每 10 分钟进行一次，竞赛的胜利者就获得一次记账的权利，即向区块链这个总账本写入一个新区块的权利。这就导致只有竞争的胜利者才能进行记账。在记录完成后，区块链就会与其他节点进行信息同步，产生新的区块。值得注意的是，算力竞争如同购买彩票一样，算力高的节点相当于一次购买多张彩票，只能相应地提升中奖概率，却并不一定会中奖。

这里的奖品就是比特币，奖励的过程也是比特币发行的过程。在中本聪的设计里，每一轮竞争胜利并完成记账的节点，都会得到系统给予的一定数量的比特币奖励。节点为了获得系统发行的比特币，就会不停地进行计算。这种设计将货币的发行与竞争记账机制完美地结合到一起，在引入竞争的同时也解决了去中心化货币系统中发行的难题。

这种去中心化的记账系统可以承载各种价值形式，除了以比特币为代表的数字货币，还可以记录能用数字定义的资产，如股权、产权、债权、版权、公证、投票等。这也意味着区块链可以定义为更复杂的交易逻辑，区块链技术也因此被广泛应用于各领域中。

3.5.2　借区块链打造信任

互联网将全世界的人们紧密联系在一起，随之而来的就是巨大的信任问题。现存的第三方中介组织的技术架构都是私密而且中心化的，这种模式无法从根本上解决互信及价值转移的问题。因此，区块链技术可以利用去中心化的数据

⊖ 此人的真实身份，业界目前尚未有一个准确的定论。

库架构打造数据交互的信任体系，实现全球互信的一大跨步。

实际上，区块链最重要的价值不在于比特币，而在于能够在信息不对称、环境未知的情况下打造出一个完善的信任生态体系。下面以"拜占庭将军问题"为例，简述区块链如何解决这种数据交互时可能出现的信任问题。

"拜占庭将军问题"由著名的计算机科学家莱斯利·兰伯特提出，是现实问题转换而成的概念模型。简单来说，"拜占庭将军问题"的核心是将军们如何在仅能依靠信使进行信息传递且信使中有叛徒的情况下，制订出统一的进攻计划。

例如，现在有 5 位将军，每位将军向其他将军传递一条信息，可以形成一条比较长的信息链。同时，每位将军提议的进攻时间未必相同，信使中的叛徒可能会同意多位将军的提议，导致信息处理成本出现大幅度上升。

当引入区块链这个概念后，问题也会迎刃而解。区块链引入"工作量证明"这一概念。在单位时间内，只有第一位完成规定"工作量"的将军才可以发起进攻提议，每位将军将会在对上一位将军的提议进行表决后，发起自己的提议。这样将会极大地提升叛徒传递虚假信息的成本，以打造出较为完善的信任体系。

在实际应用中，区块链是由多台计算机连接形成的共享网络，具有公开性、安全性和唯一性。使用者可以查看节点上的全部信息记录，但只能对自己的节点进行修改。若区块链的某些节点数据被损坏，只要还有一个节点存有相关数据，这些数据就会在重新建立连接后同步给其他节点。

区块链改变了传统的交互模式。如今，数据的存储不再依赖中心节点，各节点之间的交互都会形成交互记录，提高了用户的"作恶"成本，由此形成了一种"无须信任"的信任体系，那些依赖信任关系的难题也就迎刃而解了。

3.5.3 区块链与供应链的"碰撞"

区块链技术出现之初，受到影响最深的就是金融行业。随着这项技术的不断发展，可以与其融合的领域越来越多，区块链与供应链之间也发生了"碰撞"。将区块链技术应用于供应链管理中，可以有效解决现有的问题，开创供应链领域的新模式。

传统的供应链包含多个环节，每个环节都会产生大量的数据，产品的生产商、经销商、零售商，都只能掌握其中的一部分。这意味着，当产品出现问题

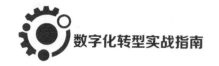

时，一般是很难确定问题的症结出现在哪一个环节的。不仅如此，由于大部分产品上没有流通数据的标记，要想召回所有问题产品，需要消耗大量的时间和人工成本，对相关企业都会产生强烈的冲击。

当区块链技术应用到供应链管理后，上述问题也就迎刃而解了。区块链技术可以实现对相关数据的采集、挖掘、分析、存储，从而加强对供应链的监测力度，实现对各环节的追踪。以此为基础，就可以利用最短的时间、最低的成本召回问题产品。

盒马鲜生是阿里巴巴旗下的一个新零售代表，其中"日日鲜"系列的苹果、土豆、猪肉、鸡蛋等各类食品均实现了全程动态化的追踪。扫描食品上的二维码，消费者不仅可以获得食品生产基地的照片，还可以获得食品的生产流程、生产商的信用资质、食品的检验报告等信息。

盒马鲜生相关负责人表示："我们采用了二维码追溯、无线采集工具、共享工作流、区块链等先进技术保障食品的安全，让消费者能够买到更加安全放心的食品。"从目前的情况来看，盒马鲜生已经成功实现了食品供应链监测与区块链技术的整合，构建了一个可持续运营的食品安全管控体系，实现了供应环节的全程监控。

区块链技术提供了实时、精准的产品视图，使供应链生态网络的构建成为可能，有效提升了整个行业的透明度，降低了行业风险，极大地提升了各相关企业的利润。

第 4 章　数字化转型行动路线图

如今，企业面对的问题已经由是否进行数字化转型、何时进行数字化转型，转变为如何在数字技术的帮助下实现发展与进步。许多企业由于缺乏全面、系统的行动路线图，不知道应该从哪里入手，在遇到问题时也不知道该坚持还是放弃。

因此，必须重新对转型的行动路线图进行规划，充分考虑企业的技术优势，为数字化的战略转型构建具有指导意义的理论框架。

4.1　为什么要进行数字化转型

世界经济数字化转型是大势所趋，它将深刻影响人类社会的发展。当前，我国正在积极推动各产业加速向数字化、智能化发展，企业数字化转型已势不可挡。

4.1.1　供需出现差异，消费持续升级

中国经济信息社联合泸州老窖股份有限公司编制了《中国轻奢消费趋势指数》报告，该报告对广大消费者的消费趋势进行了分析，分析结果显示，随着我国居民可支配收入的提升和数字经济的飞速发展，我国正迎来一个消费升级的时代。其中轻奢消费呈较为明显的上升趋势，轻奢产品逐渐被越来越多的消费者认可和接受，具体表现在消费理念和消费行为两方面。

在消费理念方面，消费者对产品品质和环保属性等方面有了新的需求，

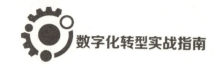

健康、绿色、高品质产品广受消费者欢迎。另外，消费者开始对有较强精神属性的产品或服务产生需求，关注身心健康、注重家庭幸福感和娱乐享受。对此，会员定制以及小众娱乐产品层出不穷，各品牌开始关注提升产品服务。

在消费行为方面，消费者对与提升生活质量直接相关的产品有了更高的要求，其中汽车、家装、保健品等中高端产品的需求涨幅最为明显，且一直保持上升态势。另外，从人群情况看，30～45 岁的中等收入人群尤其喜欢轻奢消费，在各方面都领先于其他人群。他们对个人健康、休闲享受、科技生活、个人提升等方面都很重视，愿意为"品质""娱乐""健康""自我提升"等需求买单。

消费者需求的改变倒逼企业产品向定制化、高质量方向发展，整体消费结构升级，催生了许多新的机会。这意味着企业数字化转型的关键在于创造持续价值，与用户、产品建立起更深层的联系。

4.1.2 生态环境保护成为当务之急

环保产业作为我国的新兴产业，目前还存在很多问题，包括环境治理技术存在壁垒、环境治理数字化能力弱、资源利用率较低等。一些企业为了短期利益违反法律规定，偷排、漏排污染物质，但传统的监管手段无法彻底让这些现象消失。

同时，虽然环保产业的基础设施目前比较完善，但其彼此之间的数据共享程度还有待提高，不同企业的网络系统也需要进一步打通。此外，企业也需要投入更多资金对环境进行保护和治理。在这种情况下，不同企业之间需要进行合作，进一步升级数据系统，想方设法提升自己的环保数字化能力。

深度融合工业互联网与生态环境保护，弥补生态环境治理技术不足。例如，可通过加强 PM2.5 云监测的大规模应用，来研究雾霾成因。物联网可以采集大气的监测数据，通过对大气污染源进行云计算智能数据分析，增强大气污染控制的科学性。

加快大数据、5G、人工智能等新技术在污染防治、监测监控等领域的应用。例如，构建区域生态环境信息数据库，实现不同地区的互联互通；建设环保产业互联网平台、大数据中心、环境监测与研发中心等新基建，推动构建生态环境协同管理体系。

灵活运用工业互联网的特性，提高资源使用效率。工业互联网的智能性可以帮助管理者实时预测环境资源消耗情况，保障环境资源管理最优化；工业互联网的虚拟性可以帮助环保产业及产品去物质化，实现低消耗高产出；工业互联网的共享性可以帮助变革环保产业及产品的供需方式，在消耗同样资源的前提下，最大化商品和服务的使用率。

4.1.3 思维转变：开放共享是"主旋律"

数字化时代商业文明的典型特征是开放共享。传统企业竞争是此消彼长的，有人多占据市场资源就有人少占，而数字化时代是通过建立一个平台，让企业的合作伙伴、客户、消费者能共享资源，保持产业链上下游的及时同步，实现协同共生。

在开放共享这个"主旋律"的影响下，企业的所有发展空间都是变大的。工业时代比的是谁能更好地满足客户的需求，而数字化时代的重点是创造客户的需求，比的是企业能与谁合作为客户创造更多价值。

简单地说，过去经营企业问三个问题：第一，想做什么（初心和梦想）；第二，能做什么（资源和能力）；第三，可做什么（产业条件）。数字化时代经营企业这三个问题的含义就变了：第一，想做什么（自我新定义）；第二，能做什么（与谁合作，链接什么资源）；第三，可做什么（资源如何跨界）。

企业进行数字化布局，要先调整战略，从竞争思维向合作思维过渡，尽可能链接更多的资源，把蛋糕做大，才能获得更多的利益。

4.2 数字化转型从战略规划开始

中国网库的 CEO 王海波曾经说过："企业升级转型更需要的是互联网公司的思维与速度，而这远比互联网本身更为重要。"数字化转型也是如此，企业要想实现数字化转型，首先应理解其中的内涵并以自身实际情况为基础制定数字化战略的关键路径。

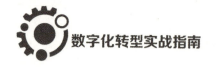

4.2.1 制定企业的数字化战略

企业在制定数字化战略前,要将未来三到五年内的战略规划进行梳理,同时确定战略执行的具体步骤。以某银行制定的数字化战略为例,其战略愿景以及具体实施路径,见表 4-1。

表 4-1 某银行的数字化战略

战略愿景	深度用户经营	丰富产品服务	推动产能提升	加速渠道转型
发展目标	• 有效用户数 新客转化率提升 20% 老客流失率降低 20% • 价值用户数(>1000 元) • 金卡以上用户数(>5万人) • 单客产品数	• AuM(资产管理规模) • 存款付息率 • 贷款收益率提升 30% • 信用卡发卡量增加 10万张	• 零售存款业务规模 • 零售存款业务收入提升 200% • 营销带动收入 • 销售团队人均产能提升 20%	• 线上用户覆盖率 新用户覆盖率 全量用户覆盖率 • 用户端活跃用户比例 • 移动收单带动零售存款业务增长 • 客服中心营收提升 10%
战略路径	• 新客获取 批量获客 推荐计划 • 新客转化 新客营销活动体系 新客专属产品包 • 存量用户提升 用户分层经营 战略客群经营 • 流失用户挽回 流失用户定向优惠 大数据流失预警	• 丰富负债产品 丰富创新存款产品 定期存款差异化定价 依托财富管理提升资金沉淀 • 跨越式发展零售资产业务,提升资产业务收益率 丰富小微产品体系,深化用户经营 个人业务发展综合消费类信贷 • 做大中收业务规模 做强财富管理 加速扩张信用卡 差异化费率定价	• 精细化、专业化销售管理体系 军事化目标管理 自动化过程管理 精细化团队管理 • 搭建营销体系,创新营销方式打造营销管理体系 大数据用例驱动营销	• 线下渠道优化 推进网点轻型化转型 渠道画像 渠道赋能 • 线上渠道创新 迭代升级线上渠道,全面提升用户体验 用户服务中心职能转型 • 线上线下一体化经营 线上精准定位高潜力用户 线下网点引流至线上虚拟店

第一步，明确战略愿景。

企业在制订数字化战略的过程中，蓬勃发展的数字技术会促使企业现有的商业模式发生变化。因此，企业需要明确自身战略愿景，如提升运营效率、增强用户黏性、创新产品品类等，并根据战略愿景细化发展目标和执行路径。

数据仓库、企业上云、万物互联、产业互联网等都是数字化变革的代名词，它们没有改变整个行业的内容、性质，只改变了企业的经营方式。传统的企业主要依靠人工经营，新型的经营方式可以轻松地实现数倍的效果，最终形成全新的商业模式。

第二步，拆分战略目标。

对企业战略愿景的梳理完成后，就需要将其拆分为各环节的目标。例如，某零售企业在制订下一个阶段的销售目标时，需要先对本阶段的销售情况进行复盘，并结合市场的发展趋势、供应商的变动等因素。在这之后，还要以月份、季度、部门为单位将其进行细分，确立每个阶段的销售目标。

第三步，细化战略路径。

在将企业的整体战略愿景拆分成数个阶段性目标后，还需要对目标的实施路径、执行团队等有清晰的认知，从而确保企业的战略目标能够有序地进行推进。同时，还需要综合考量执行团队的员工结构以及员工的个人能力，从而有目的地匹配资源，使实施路径具象化。

在战略的推进过程中，数字技术也可以帮助企业更好地优化现有的业务模式。如果企业不能合理运用数字技术，就无法借助转型战略建立自身优势。正因如此，企业需要充分利用数据仓库、企业上云、万物互联、产业互联网等数字技术带动业务的进一步发展，满足用户的深度需求，创造更优质的商业运营方案。

4.2.2 抓住数字化转型时机

应该何时进行数字化转型？这是很多企业都在思考的一个问题。企业进行数字化转型需要考虑的因素很多，实施成本也很高，有些企业便因此一直停滞不前，不敢迈出数字化转型的第一步。其实，企业进行数字化转型的时间越早，可以尝试的路径就越多。

对此，剪刀差理论和马太效应可以解释这个观点。

1. 剪刀差理论

企业数字化转型是一项长期工程，需要一定的时间才能看到效果。初期数字化成本高于人力成本，但随着时间的推移，在经过某一节点后，数字化成本会变低，人力成本会变高，企业的数字化能力会大大增强，如图 4-1 所示。这叫作剪刀差理论。

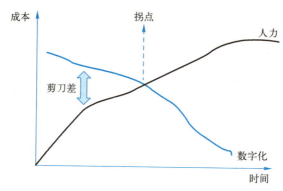

图 4-1　剪刀差理论

因此，企业数字化转型要趁早。只有这样，数字化转型才能尽快帮助企业发展。例如，苏宁的数字化转型成果"数智管理云"是苏宁基于 30 年企业管理的经验，不断实践、探索的结果。

2. 马太效应

马太效应指的是一种强者越强、弱者越弱的现象。在数字化时代，数据成为新的生产要素，与资本、技术、劳动力等一样重要。当企业扩大规模时，数据的规模优势会越发明显。如果前期企业重视使用数据和数字化技术，那么其后期的数字化转型之路会越来越畅通。

4.2.3 "从上到下"与"从点到面"一把抓

各行各业都在进行数字化转型，但实践起来却极为不易。目前，很多企业在数字化转型中面临困难，包括能力不足、方法不对、体系不健全等。事实上，数字化转型既是从上到下的一把手工程，也是从点到面的突破与革新。

从上到下是指数字化转型不只是信息技术部门的事，而是企业各部门的联动工作。除了技术的应用，企业还要挖掘数字化人才，转变思维与能力，实现数据驱动运营。

从点到面是指数字化转型要有节奏地落地，先找到突破口（点），进行技术突破，再将技术运用到业务场景中（线），最终构建起数字化的运营体系（面）。

以华为为例，华为全球技术服务部的数字化转型历时三年，进行了一次"Digital GTS"（Digital Global Technical Support，数字化全球技术支持）的变革：首先，对业务痛点，进行技术迭代与创新；然后，通过平台打通孤立系统；最后，通过统一的数智平台（GDE），链接多个业务场景，实现大范围的智能化。

正是依靠统一的数智平台，华为在运营上率先走向数字化，实现数字化转型。现在，华为提出将自己在数字化转型上的技术和经验对外输出，让运营商也能实现数字化运营，以促进整个行业协同发展。

4.2.4 切勿一味地模仿互联网企业

有些企业喜欢投资新技术，认为只要升级硬件、更新系统就能有立竿见影的回报。然而，很多企业却无法依靠新技术真正提升经营水平，其问题在于：第一，变革不会一蹴而就；第二，许多企业缺乏对数字化转型的战略思考，在实战中只是"东拼西凑"。

管理者们必须明白，数字化转型不应是企业锦上添花的工作。数字化不能只停留在某个部门，而是要使之成为企业发展的共识，让数字化贯穿整个组织和职能，落地到战略、组织、运营等各环节。对此，许多企业竞相模仿互联网企业，希望窥得一条数字化转型的捷径。

但是，一味地将互联网企业的模式当作万能灵药，不思考自身业务的痛点，只能适得其反。另外，盲目投入资金改造成互联网企业的模式，也将影响主营业务的研发。

以某运动品牌为例，该企业大力发展电商平台，在多个线上渠道投入资金，希望实现销量逆转。而现实是，该企业忽视了主营业务存在的问题，如品牌定位不清、库存管理落后、产品设计老旧等。这样一来，该企业不仅没有提升销售额，反而让线上线下渠道混乱，流失了大批分销商，加速了灭亡。

对于传统企业来说，发展数字化不等于抛弃主营业务，盲目跟风，只能自乱阵脚。企业应采取多层次的数字化转型，一边运用数字化技术升级现有业务；一边增强投资能力，创造新业务，实现可持续发展。

传统重资产企业应让自己变得更"轻"，例如投资蕴含更多价值的软件、设计及服务等。在这个过程中，企业可以利用云计算、大数据、人工智能等技术提升运营效率，或用专业服务整合资源，向多维的生态化方向发展。

例如，施耐德电气利用互联技术和物联网平台推出了智能化解决方案。不仅提升了生产力，节约了成本，还因此更好地响应了医疗、乳制品等行业客户的用电需求。

4.2.5 中国石化打造功能众多的易派客

中国石化打造的电商平台易派客正式运行后，彻底改变了传统的物资装备部门的职责定位，提升了采购部门的服务标准，为企业型用户提供了更优质的服务，为中国石化增加了利润。

易派客为中国石化拓展了现有的服务领域，带来了新的价值，这些将在一定程度上挖掘和利用中国石化现有的数据资产，实现数据资产的市场化。

中国石化积极响应数字化时代的新要求，从供应链的需求与管理的角度出发，以产业链为基础，在现有的电子化采购系统的基础上建立了电商平台易派客。除了为中国石化提供采购、销售、金融等综合服务外，易派客还可以为中国石化的下属企业实现增效降本、保供提质。

易派客平台建立在以下三大核心原则上。

1. 优中选精

在选品方面，易派客坚持优中选精的原则，致力于打造全球最大的工业品推荐平台，并以各关联方的服务指数评价体系为依托，在世界范围内甄选最优质的工业品资源。时至今日，易派客已经从 3 万多家供应商与上百万种工业品中，挑选出了信誉好、技术强、服务优的 126 家供应商与近 2000 种工业品，这些企业与产品都将作为易派客平台上线的首批企业与产品。

2. 互利共赢

在服务方面，易派客坚持互利共赢的原则，致力于打造全球最大的工业品服务支持平台。同时全面扩展自身增值服务，推出了实现贸易环节全覆盖的多项高性价比业务，打造出全流程、全方位、全天候的平台支持服务，全面提升成本的可控性、交易的安全性以及便捷性。

3. 融通供需

在交易方面，易派客坚持融通供需的原则，致力于打造全球最大的工业品贸易平台，充分发挥中国石化具有遍布世界各地的专业贸易团队的优势，做好用户的服务管家，为国际买家和供应商提供双向定制服务，满足他们更深层次的贸易需求，让供需双方各得其所。

随着数字经济的发展，数字技术与社会经济的融合程度进一步加深。在国家战略的支持下，新一代数字技术与实体产业的融合速度进一步加快，新型的电商业态逐渐成为实现经济增长的新引擎。

4.3 生态创新助力数字化转型

智能生态可以帮助企业建立数字化转型的优势，它更适合数字时代的发展趋势，也是各行各业无法回避的时代命题。企业可以通过打造开放平台的方式与合作伙伴共建新型生态，借助生态创新加速企业的数字化转型进程。

4.3.1 适合新时代的智能生态

近几年，企业更倾向于提升自身的创新能力以及智能化水平，建立竞争优势。数字技术的迅猛发展使企业有机会更高效地将数字技术进行深化。当越来越多的企业加入数字化转型的队伍后，也就形成了一种顺应新时代的智能生态。

这种智能生态可以轻松地帮助企业实现多赢。在形成智能生态后，企业不仅可以快速学习前沿知识，还可以借鉴其他企业的实践经验，最大限度地规避了风险。不仅如此，这种智能生态还可以帮助企业清楚地认识自身的特点，从而缩短转型需要花费的时间，降低试错成本。

当然"冰冻三尺非一日之寒"，形成一个智能生态并不是短时间内能完成的事情，也不是某一个行业就能实现的事情，它需要各行各业多角度、全方位地进行协作。实际上,如果政府、各类企业、公共服务平台、科研院所、高校等各领域的领头者都能平等地展开协作,就可以在最短的时间内形成智能生态,实现多方共赢。

华商数据致力于帮助中小企业搭上新时代的列车,促进了智能生态的形成。

中小企业占据了我国企业总数的90%以上,但由于种类繁多,它们对于实现数字化转型有着不同的需求。华商数据整合了企业的管理系统、销售平台、生产方案等多项业务模块,可以有效帮助企业进行内部管理,并通过数据交互促进企业各部门间的高效协同,推动企业的生态化发展。

在数字技术的支持下,华商数据专门针对中小企业的需求研发了企业管理系统——华商云服,其产业生态图如图4-2所示。

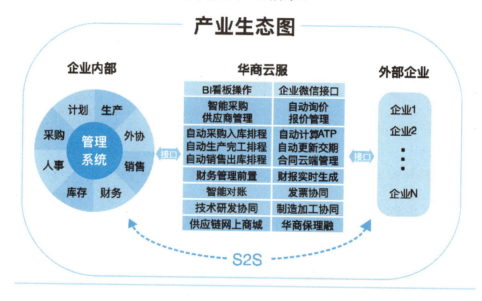

图4-2 华商云服产业生态图

这个系统集合了生产、销售、财务、库存、采购等多项需求,打破了企业内外部的壁垒,可以解决中小企业技术落后、等待周期长、效果不明显等共性问题,帮助企业建立新型智能生态,实现多方位协同发展。

在智能生态成功建立后,企业就会拥有一位经验丰富的引领者,帮助企业规避数字化转型过程中可能出现的问题,使企业可以规范、科学地进行管理。

4.3.2 与合作伙伴共建生态

当企业数字化转型的速度过快时,很可能导致业绩增长进入乏力期。这时就需要引入战略合作伙伴,充分利用其优势资源,与其共建智能生态,从而降低企业面临的风险,扩大企业的盈利增长空间,有效推动双方的数字化进程。

轻住集团自成立以来已在全国 200 多个城市建立 3000 余所酒店。其创始人表示:"集团与战略伙伴的合作不仅仅是一门生意,轻住集团将会以自身的品牌和运营优势与合作伙伴携手共进,共同实现可持续发展。"

2021 年 4 月,轻住集团宣布与多家企业达成战略伙伴关系,其中包括雷神科技、携住科技、小帅科技等多家能有效提升用户体验的智能服务型科技企业。此次合作将多种不同调性的品牌进行链接,提升了项目的用户适配性,全面拓宽了企业的增值渠道。

在引入战略伙伴后,轻住集团在酒店运营、用户体验等多方面得到显著提升。目前该集团的盈利已经实现了大幅度增长,其市值预估有望突破 1.9 万亿元。随着合作的深入,轻住集团也将充分发挥战略合作优势,持续发挥品牌价值。

有了合作伙伴在前方开路,轻住集团市场扩张的速度也得到了大幅度的提升,快速实现了数字化转型。我们应该将合作伙伴视为数字化转型的战略基石,与合作伙伴共享发展红利,共建智能生态,在合作中寻求双赢。

4.3.3 美年大健康打造开放平台

美年大健康的董事长俞熔在一次云栖大会上表示:"作为中国最大的大健康数据中心和最大的流量入口平台,目前美年大健康已经与阿里云展开合作,双方共建云计算平台,并开展了健康体检、医学影像等核心大数据分析及合作应用。美年大健康将利用阿里云尖端的互联网技术,快速推进美年大健康 400 家体检中心的数字化、智能化。双方联合打造适应未来发展所需要的健康大数据开放平台以及最大的健康生态圈。"

在多次重量级会议召开后,医疗健康产业迎来了重要的发展机遇。作为整个医疗健康产业的入口,健康体检行业肩负着产业振兴的重任。如何利用最低的成本，创造最大的数据价值，也成为该行业中的企业提升自身核心竞争力的重要课题。

美年大健康以专业、高品质的体检著称，以健康检查作为切入点，围绕疾病预防、健康保障等领域展开服务，致力于形成稳定的生态型商业闭环，实现健康大数据与互联网金融的结合，打造有价值的个人"健康银行"。

美年大健康的管理团队清晰地意识到：云战略是企业发展的趋势。精准、连续、可靠的海量大健康数据是美年大健康的核心竞争优势，数据的充分挖掘和精细化管理始终是美年大健康整体战略规划中最重要的一环，云战略对美年大健康具有重要的战略意义。

美年大健康将云平台的规划、建设、运维作为整体及长远规划的考虑，为满足影像业务需求，构建全面、可扩展的影像云平台，并在其中加入人工智能技术辅助诊断功能。如今，已有几十家门店成功接入影像云平台，其余门店也在陆续接入中，这也极大地减轻了医生的工作量，节省了大量的医疗资源。美年大健康也通过流行病调查、健康白皮书等方式，将积累的医疗资源反哺社会，推动我国公共卫生事业的长足发展。

随着项目合作的不断深入，美年大健康打造的开放型数据平台将成为远程疾病防控中心。在人工智能、云计算等数字技术的支持下，美年大健康实现了在医学影像、生物信息等领域的战略布局，进一步增强了健康产业的生态系统的循环能力。

4.4　提升数字化能力

如今，资本市场众多潜在的风险相继暴露，企业的风险应对能力面临前所未有的考验。在这种情况下，企业更应该努力提升自身的数字化能力，坚持稳健经营的发展理念，进一步优化风险管控策略，更好地平衡长期与短期的效益水平，实现长期、稳健的发展。

4.4.1　如何衡量企业的数字化能力

企业的数字化转型是一个逐渐深入的动态过程。在这个过程中，需要及时评估当前的转型程度,确保转型顺利推进。根据企业在数据获取、表达、存储、传输、交付等方面的能力,将企业的数字化能力划分为 5 个等级,具体衡量模型见表 4-2。

表 4-2 数字化能力衡量模型

等级	数字化战略定位	数据化核心要素					组织架构
		获取	表达	存储	传输	交付	
1级	无数字化战略问题驱动或业务驱动意识,主要解决组织内部协同问题	无数据获取意识,主要解决机器替代人工问题	数据维度单一	关系型数据为主	ETL 批量数据同步	主流程自动化、定制报表	无独立数据部门,多在运维部设置 DBA 相关岗位
2级	数字化决策支持,通过数据支持管理人员决策	关注业务环节的数据收集	数据维度逐渐丰富	面向主题的数据仓库	实时数据接口	数字化决策、数据在线报表	设置数据分析师岗位,可能存在独立的数据部门
3级	一切业务数据化、一切数据服务化	跨界数据应用、数据资产化	全领域数据融合,数据维度更加丰富	大数据平台	批流结合	基于数据的量化运营	设置独立的数据部门,设置数据分析师、算法工程师等相关岗位
4级	数字化平台	实现数据与业务相互促进,数据快速增加	数据维度更加完善	基于云的数据平台	一体化数据服务体系	数据平台化、智能化、自动化	设置数据管理相关岗位,成立独立的数据资产运营部门
5级	数字化开放生态	通过生态场景洞察和验证用户服务需求	千人千面,基于数据自主服务	基于云和边缘计算的数据平台	低延时云边协同	数据自驱动	设置首席增长官相关岗位,统一管理市场、数据和战略

随着数字化转型的深入,互联网技术将渗透到企业管理的各个方面,形成数据驱动式业务体系,全面提升企业的业务运作效率。

著名管理学家彼得·德鲁克曾说过:"你如果无法衡量它,就无法管理它。"在了解企业的数字化能力后,就能明确数字化建设中的重点、难点,从而为企业制定最适合的数字化转型方案,进一步推动数字化转型进程。

4.4.2 数字化能力的 3 个层次

从大型企业信息化发展的现状出发,在充分考虑企业组织架构、运营模式和业务发展的特点后,就可以将企业的数字化能力简单分为赋能、优化、转型三个层次,如图 4-3 所示。下面以中国石化为例,对这 3 个层次进行详解。

图 4-3 数字化能力的 3 个层次

数字化能力的第一个层次是赋能,也就是对传统的业务流程进行数字化赋能。中国石化通过搭建 ERP、智能管道、资金集中等数字化系统,实现了对企业管理模式的优化,企业的管控能力得到了加强,运行效率也得到了提升。以智能管道系统为例,它让中国石化能够精准掌控 3 万余千米的管道,全方位提升了中国石化的巡检效率、防盗能力以及面对突发事件的指挥能力。在企业达到赋能层次后,其业务流程、设备装置等都会逐渐数字化,这也对企业数据的计算能力提出了更高的要求。达到数字化赋能层次的企业,业务会更标准,组织架构会更透明,其他工作水平也会得到显著的提升。

数字化能力的第二个层次是优化。在企业达到优化层次后,就可以借助大数据技术实现对业务流程的优化,这也可以有效提升企业的核心竞争力。例如,中国石化就利用数字技术建立了炼化项目的优化系统,这个系统可以针对供应商的技术特点为中国石化提供最优的原油采购方案,从而实现效益的最大化。此外,中国石化还在炼化装置中增加了过程控制系统,可以利用这个系统精准地控制生产,实现投入产出比的最大化。达到优化层次的企业最大的特征是实现了数据资产化,这些企业可以将多年积累的数据沉淀为宝贵的数字资产,充分挖掘和利用数据的价值,从而促进业务流程的变革,最终使企业的组织架构更扁平、更轻盈。

数字化能力的第三个层次是转型。转型层次包含企业的商业模式与运营模式的变革。例如，在"石化 e 贸"正式上线后，中国石化的销售模式就从传统的渠道销售转变为新型的平台销售。此外，中国石化还可以利用摄像头自动识别人员滞留情况，使巡检模式从定时巡检转变为发现问题再巡检。

赋能与优化层次的内核是对现有业务的优化和改造，转型层次则会跨越现有的业务与领域，创造全新的商业模式。数字化转型的 3 个层次是递进的，也是相互交叠的，企业不仅可以分步进行，还可以同步进行。当企业达到转型层次后，就可以向其他合作伙伴输出，换取资源以及业务合作。

4.5 建立数字化转型团队

数字化转型应该是企业各部门协同合作的成果，因此，它需要企业自上而下地推动。而企业文化、团队规模、业务类型、行业趋势等因素都会对数字化转型团队的管理要求产生影响，下面将以董事会在数字化转型中的角色、CEO 该如何促进数字化转型、如何打造数字化人才库为切入点，简述企业应该如何建立数字化转型团队。

4.5.1 董事会在数字化转型中的角色

数字化浪潮引领了各行各业的发展，数字化转型对于企业的影响也日益深远，越来越多的企业开始利用数字化技术进行自身产品和服务的创新，实现经济效益的最大化。企业要想实现数字化转型就必须进行数字化的组织调整、明确转型定位，董事会在其中扮演着重量级的角色。

通常情况下，董事会将通过以下几种方式充分利用企业内部的信息化数据，实现业务数据的整合、分析及应用，从而全面推进企业的发展规划，进一步加速企业的数字化进程。

1. 梳理转型方案

董事会是整个企业组织架构的顶端，其工作重点在于战略的制定。但在数字化转型的过程中，除了要制定企业的发展战略，还要持续跟进数字化转型的过程，并根据执行情况及时调整转型方向。因此，董事会需要对数字化转型的整体方案进行梳理，并以行业发展的趋势和企业的业务特点为基础，确立转型的战略目标及阶段目标。

2．设立监督组织

持续跟进转型过程需要耗费大量的时间和精力。对此，董事会可以设立专门用于了解转型进程及效果的监督组织，为后续的战略制定提供更多的参考依据。同时，作为政策的制定者，董事会并不会直接参与数字化转型的具体工作中。因此，董事会还需要选用合适的人才作为执行团队的成员，从而保证执行团队的业务能力及调控能力。

3．聘请数字化人才

数字化的浪潮不仅会变革传统行业的业务及管理模式，还会对董事会的组织架构产生冲击。因此，为积极应对数字化转型过程中的挑战，董事会需要聘请数字化人才，增强相关决策的科学性和可行性。引入具备数字化建设经验的新成员，也可以优化传统的企业架构，制定有利于数字化业务执行的模式及制度，从而由内而外地推动企业数字化转型。

在企业进行数字化转型的过程中，董事会还要依据企业的业务特性判断转型目标，并利用数字化技术优化自身的业务和产品，借鉴行业领导者的转型措施，充分挖掘数字化转型的价值，从而在激烈的市场竞争中立于不败之地。

4.5.2　CEO如何促进数字化转型

数字化时代，实现数字化转型几乎成为每家企业的追求。在4.5.1节中，已经讲述了董事会该如何推进数字化转型，那么作为CEO又该如何把握数字化转型的脉搏，促进企业的数字化转型？对于CEO而言，可以通过搭建数字化转型领导组织的方式协调各方资源，从而促进企业的数字化转型。

在搭建的过程中，需要对团队的职能进行梳理，并根据每个人的岗位为其分配不同的工作内容。数字化领导组织的搭建也是如此。在搭建过程中，CEO除了考虑企业的战略规划外，还需要考虑项目的预算成本、现有的技术水平及当前的经营模式，从而有序、稳定地推进数字化转型的进程。

在数字化领导组织搭建完后，CEO 还要选择各项业务的核心负责人。选出的核心负责人需要配合 CEO 搭建数字化的组织架构，并带领团队积极应对转型过程中的挑战。例如，如今与业务和技术的复杂性相比，数据的复杂性更高，核心负责人需要针对这种情况给出解决方案。

数字化领导组织的搭建加强了各协调部门的合作与交流，为实现信息共享和资源协作提供了沟通与协作的平台。

4.5.3 打造数字化人才库

信息化时代，原本那些使用人力解决的工作，现在都有了相应的机器设备。这也意味着，企业对普通劳动力的需求越来越小，对高素质人才的需求越来越大，现代企业之间的竞争也逐步转化为人才软实力的竞争。因此，企业应该着手打造数字化人才库，积极推进企业的数字化布局。

下面从两个方面来解决这个问题，如图 4-4 所示。

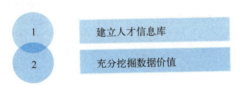

图 4-4　打造数字化人才库的方法

1. 建立人才信息库

建立人才信息库后，就可以对企业的现有人才及储备人才进行管理，不断沉淀企业外部的优质储备人才，为企业的人才战略提供强力的支撑作用。

在建立人才信息库前，需要将企业内外部的简历资源进行全面整合，并利用大数据、人工智能等互联网技术对简历进行分拣与解析，分别绘制岗位与所需人才的画像。通过这种方式实现人才与岗位的最佳适配，从而快速选定最符合企业发展战略与业务发展的岗位候选人。当然，对于不同类型的企业而言，人才信息库也有所不同，应该根据企业的实际情况进行摸索与总结。

2. 充分挖掘数据价值

数字时代应该充分发挥企业的数据分析能力，深入挖掘人力资源数据的价值，利用数据了解企业的人才需求，增强人力决策的科学性。

在建立数字化人才库后，就可以在其基础上建立人才管理系统，自动生成可视化图表，如团队绩效、招聘效能、招聘结果分析报告等，招聘结果分析报告如图4-5所示。

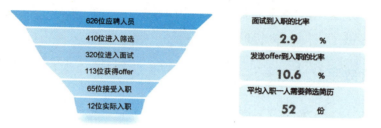

图4-5　招聘结果分析报告

这些可视化图表可以帮助管理人员更直观地了解招聘指标间的关联与发展趋势，提升储备人才的质量，进一步推动企业的人力资源数字化进程。

在移动互联网时代，数据的地位越来越突出。对于任何行业，打造数字化人才库都是一个极为重要的环节。因此，需要积累更多的有效数据，打造数字化人才库，全方位推动企业的数字化进程。

第 5 章 产业互联网与中台建设

新一代数字技术带动了互联网行业的发展，促使它从消费互联网向产业互联网稳步迈进。企业对数据驱动需求日益迫切，中台系统应运而生，成为推动企业数字化转型的最佳实践方案。产业互联网与中台系统也被并称为企业实现数字化转型的"快捷键"。

5.1 产业互联网是高级的数字化转型

产业互联网作为数字化时代的新成果，是产业数字化的重要载体，为企业提供了具体的行动路径。随着数字技术的蓬勃发展，技术应用的侧重点从消费环节转向生产环节，最终呈现出数字技术飞速发展、产业互联网才刚刚起步的状态。但实际上，产业互联网是数字化转型的高级阶段，具有独特的社会使命。只有了解产业互联网的概念以及建立方式，才能实现企业的高质量发展。

5.1.1 何为产业互联网

产业互联网的概念一经提出就引起了业界的广泛关注，龙头企业的拥趸以及资本的加持更是把这个概念推向了风口浪尖。

很多人将产业互联网视为互联网的延续，他们认为产业互联网与互联网只存在连接对象的差异。产业互联网诞生初期，企业通常将其用于维护自身的中心性，但这种方式只能短暂地获取 B 端流量，并不能够解决企业实际面临的发展问题。

企业对于产业互联网的错误理解并没有对它的发展产生阻碍，随着实践的深入，人们对产业互联网的本质、产业互联网该如何落地等问题也有了新的理解。从互联网龙头企业的业务布局中可以发现一些端倪。阿里巴巴打造的C2M超级工厂、京东的智慧零售战略以及拼多多研发的分布式AI技术，它们的底层逻辑其实都是去中心化。

中心化、平台化的互联网企业将作为一个环节、一项流程成为产业的一部分。互联网企业也将通过新型技术与传统行业进行融合，以一种全新的方式实现产业端与消费端的对接。拼多多研发的分布式AI技术增强了互联网的普惠性，使产业更多元、消费更均等。高级的消费权益也不再是大城市的专利，这种去中心化的逻辑也是拼多多有机会借助产业互联网的浪潮崛起的关键。

随着数字技术的深入发展，以去中心化为核心逻辑，推动产业多元化发展的产业互联网逐渐成为企业的发展重点。在不远的未来，产业互联网将彻底与互联网模式区分开，并进入全新的发展阶段中，进而拉开产业互联网时代的序幕。

5.1.2 产业互联网的社会使命

在某种意义上，人类文明的发展过程就是生产力的发展过程。数字化时代为企业带来了新型的生产力革命——产业互联网。产业互联网将借助数字化科技的力量，对各行业的产业链、价值链进行重构，从而使整个行业产生质的飞跃。

产业互联网的发展路径与消费互联网截然不同。它对生产流程的可控制性具有更高的要求，这也意味着，流水线型生产更容易促进产业互联网的发展。以物流行业为例，标准化、流程化的运营模式能够显著提升物流企业的运输效率，这就要求物流企业根据自己之前积累的运营经验总结一套标准化体系，并对物流行业的服务进行进一步细分。例如，现在的整车运输、零担运输曾经被统称为运输服务，零担运输也可以进一步细分为大票零担、小票零担等。

这种对某个行业提供深度细分的解决方案，也就是产业互联网的社会使命。它将企业千差万别的需求进行分类与汇总，并为其提供一系列的相关服务，精准地创造价值。

6G网络、量子计算机等新型数字产品的出现将会进一步拓展产业互联网的发展空间。在不远的将来，企业可以借助产业互联网的力量，填补需求差异与执行标准之间的鸿沟，更好地实现产业互联网的社会使命、优化行业资源、促进传统行业的数字化转型。

5.1.3 如何建立产业互联网

将每位用户、每家企业进行串联，让每个人都能参与到互联网的建设之中，这是产业互联网最大的特点之一。随着支付手段的完善、安全认证体系的建立，大量的批发业务从线下转到了线上，产业互联网也因此被人们所熟知。企业在建立产业互联网的过程中需要遵循以下几个基本步骤。

第一，寻找产业边界。

对产业进行研究，需要找到可以借助互联网技术打破的产业边界（如地域、技术、服务等），以解决产业核心需求为切入点，快速推行新业务的实施。这样就可以在扩大产业规模的同时，进一步提升运营效率。

例如，互联网提升了信息的传输速率和范围，同时提高了信息的透明度。借助这个特性，将产品的设计、生产、物流、库存等信息汇集起来，让所有工作人员都可以实时获取产品信息，从而有效提升产品的生产和物流效率，解决供需不平衡的难题。

第二，创造产业价值。

产业互联网的实现以增强产业价值为前提，如果建立的产业互联网不能激发用户或供应商的消费欲望，或者不能节省企业的运营成本，那它也就失去了价值。在建设初期，应综合考虑产业高利润区与企业的业务规划，有针对性地选择产业互联网的建设方向。

第三，建设基础设施。

基础设施是产业互联网形成竞争优势的关键，如互联网、物联网、PaaS 平台等都是产业互联网的基础设施。利用这些基础设施，可以对产品进行深度量化，从而实现产品的标准化、规范化。优质的基础设施也可以帮助企业形成技术壁垒，基础设施的建设过程，在某种意义上也是形成服务价值的过程。

第四，形成规模优势。

在企业达到一定规模后，企业的收益会随成本降低而增加，这意味着这家企业利用自身的规模优势形成了规模效应，应用到产业互联网也是同样。互联网的边际成本更低、用户量更大，如果可以借助资本的力量形成规模优势，企业就可以充分利用规模效应进一步降低服务成本，增强自身的核心竞争力。

第五，搭建平台生态。

在形成规模优势后，大量的活跃用户又会反过来吸引供应端企业的加入，从而形成完整的平台生态。这种现象又称梅特卡夫定律，即网络价值与用户数量的平方成正比。在产业互联网初具规模后，需要建立完善的运营模式以及利益分配机制，同时还要将平台用户进行深度细分，从而吸引供应端企业的加入，进一步完善平台生态。

第六，建立数据模型。

在产业互联网投入使用后，随着使用人数的增加，系统内部会沉积大量数据。这时需要充分挖掘数据间的关联性，并利用这种关联性建立用户数据模型，进一步提升用户的转化率，充分发挥产业互联网的价值。

在成功建立产业互联网后，就可以利用线下资源拓展线上平台，建立物流运输平台以及集成交易平台，实现线上、线下的一体化管理，充分实现企业与互联网之间的融合。

5.2 数字化转型离不开中台建设

面对市场环境的激烈变化，实现数字化转型迫在眉睫。但数字化转型并不意味着需要推倒重来，企业需要相对稳定的战略决策作为发展的支撑点。新型商业模式使企业的服务职能发生了转移，形成了中台系统。这种可以快速响应前台需求，并在短时间内获得后台支持的中台系统也因此成为数字化转型过程中的关键环节。

5.2.1 中台到底是什么

在传统的互联网企业中，通常会按照功能将研发团队划分为前台与后台。前台即用户直接接触的部分，如 App、网站等，后台即那些不会被用户感知的部分，如企业的管理、为前台提供的服务等。通常情况下，后台为整个应用提供技术支持，前台将后台的内容进行封装，并以更通俗的形式展示出来。前台与后台的服务模式如图 5-1 所示。

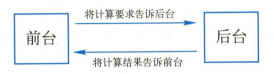

图 5-1　前台与后台的服务模式

实际上，这种前后台的模式可以为企业提供最快捷的解决方案。前台负责进行展示与交互，后台负责解决用户需求，这两者结合就是一个最简单的产品。但随着企业业务线的增加，中台为许多企业解决了如何继续发展的实际问题。日益激烈的市场竞争使企业不得不持续更新自身产品，前台也必须快速进行迭代。在这种情况下，为了支撑起更多的业务，后台会变得越来越庞大，最终无法适应前台的变化。

以电商平台为例，在企业未引入中台的概念时，前台的每项功能都需要与后台进行对接，如图 5-2 所示。

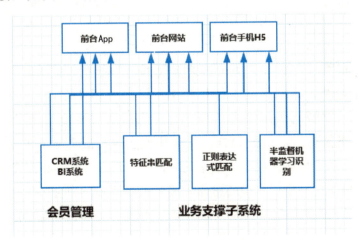

图 5-2　前台与后台的功能链接

这种链接方式要求后台的每一个模块都需要与前台适配，极大地增加了后台的研发工作量与前台的启动工作量。而当后台需要进行功能升级或结构调整时，研发人员需要考虑前后台的匹配问题，并逐一进行调整，这些琐碎的问题会在一定程度上浪费研发人员的时间与精力，从而降低研发效率。

在企业引入中台后，就可以将中台作为对接枢纽，并将后台的各项系统进行封装，让前台可以直接使用这些服务，无须再设计专属通道。这将会最大限度地简化企业的业务架构，引入中台后的业务架构如图5-3所示。

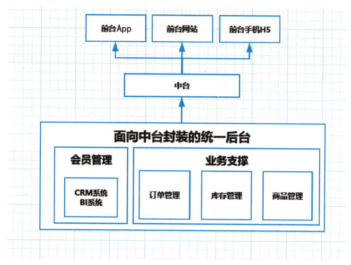

图5-3 引入中台后的业务架构

中台可以利用后台的服务架构快速实现试错与创新，其本质就是服务共享，企业可以将中台视为标准化的中间件。例如，研发团队可以将"用户昵称"这个项目模块化，设置为一个中台结构。这样当前台需要使用"用户昵称"这个项目时就可以直接调用对应的中台，从而快速实现与后台系统的对接。

如今，如何利用最低的成本在最短的时间内实现业务创新不仅是企业提升市场份额的重要课题，更是企业实现高质量发展的重要课题。中台可以对企业的业务结构进行重构，最大限度地提升研发团队的工作效率，为企业提供全新的解决方案。

5.2.2 数据中台、技术中台与业务中台

随着数字技术的发展，用户逐渐成为商业战场上主要的争夺资源。建设中台不仅可以打破用户增量瓶颈，快速响应用户需求，还可以增强企业各部门间的协同作用和对资本市场的适应能力，逐渐成为企业发展的核心推动力。

第5章 产业互联网与中台建设

通常情况下,根据面向对象的不同将中台分为数据中台、技术中台、业务中台 3 种。

1. 数据中台

数据中台通常会从后台以及业务中台获取需求数据,在将这些数据进行整合、分析、计算、存储后,构建可复用的数据能力中心,为前台提供便于使用的数据资产。数据中台的架构如图 5-4 所示。

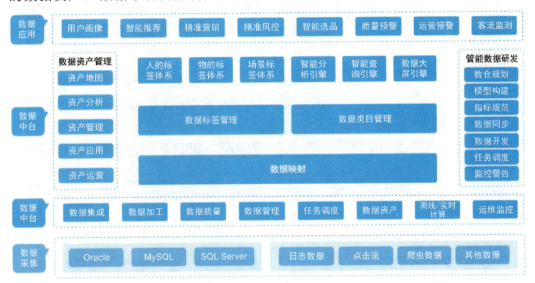

图 5-4 数据中台架构

2. 技术中台

技术中台是通过资源整合将企业自有能力进行沉淀,并为前台提供技术、数据等资源支持的平台。它由平台化的架构演化而来,微服务开发框架、容器云、PaaS 平台等都是技术中台的一种,它们都在最大限度上将烦琐的技术细节涵盖在中台内部,为前台和其他中台提供快速、便捷的基础技术。技术中台的架构如图 5-5 所示。

3. 业务中台

业务中台将业务管理系统汇集起来,形成一体化的业务处理平台,如产品系统、订单系统、物流系统都是业务中台的一种形式。它将后台的业务资源进行了整合，提升了前台的业务处理能力。业务中台将各项业务的底层逻辑与实际应用分离，有效降低了各部门的沟通成本，增强了各项业务的运作效率以及员工之间、部门之间的协作效率。业务中台的架构如图5-6所示。

图5-5 技术中台架构

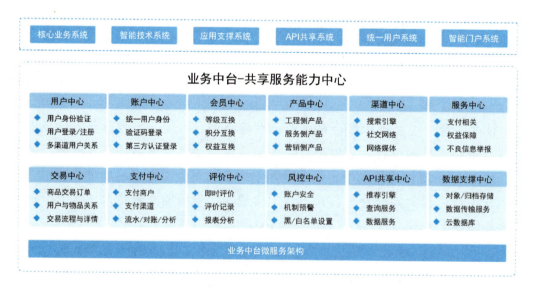

图5-6 业务中台架构

中台将企业的数据、技术、业务需求场景化，并将可复用的流程进行有机组合，显著提升了部门内部以及各部门之间的协作效率，降低了企业的运营成本。因此，应结合企业的实际经营情况，围绕其核心业务建设所需中台，同步推进技术工具、分析能力以及业务流程的数字化进程，尽快形成数据、技术、业务的完整闭环。这可以帮助企业建立完善的战略机制，促进企业的良性发展。

5.2.3　中台建设的 3 个原则

为提升自身的需求响应能力，几乎所有企业都在全力建立产业互联网。但仅拥有产业互联网是远远不够的，还需要以企业的实际经营情况为基础，建设最能推动企业发展的中台，从而提升企业各项业务的反应速度，降低企业的试错成本。在中台建设过程中，需要遵循以下原则，具体如图 5-7 所示。

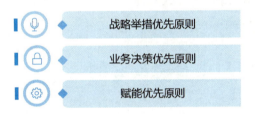

图 5-7　中台建设的 3 项原则

1．战略举措优先原则

将中台建设上升到企业战略举措的高度，这也意味着企业需要打通业务部门与技术部门的决策过程，同时还要明确各项问题的处理优先级以及构建中的职能分工。在明确战略方向后，还要定期对战略目标的完成情况进行核实。

2．业务决策优先原则

通常情况下，中台战略会改变企业的业务形态，企业的业务部门也因此需要围绕自身的发展战略，对业务决策进行调整。在成功明确中台规划以及中台与业务间的协作关系后，就可以利用中台支撑前台的业务发展。

如果在中台建设的过程中严格遵循业务决策优先的原则，企业的业务诉求就可以在第一时间参与到中台建设的过程中，这将显著降低中台的价值风险。

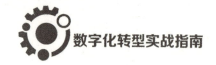

3. 赋能优先原则

在企业建设中台的过程中不难发现，降低运营成本和提升响应能力之间存在不可调和的矛盾，很难同时满足这两种需求。在将业务流程中台化后，就可以利用中台为业务赋能，从而找到这两种需求的最佳平衡点。

当将中台的建设工作上升到战略高度后，中台对于企业的意义就不只是一个成本中心这么简单。业务决策优先以及强化赋能的思路，也会使企业的关注重点从是否显著降低运营成本、是否使用多项数字技术等表层问题，转移到业务收益的提升、业务结构的优化等深层次的问题上。

许多企业都曾尝试过建设中台，但由于并未遵守上述原则，在各级部门的压力下形同虚设，企业架构的转型也因此搁浅。数字技术的发展推动了共享生态的发展，中台可以帮助企业最大化地发挥数据的价值，也将成为企业最宝贵的数据资产，为企业持续赋能。

5.3　产业互联网与中台建设案例

如今，数据逐渐成为企业的核心生产要素，充分发挥数据的价值可以发现企业内部存在的问题，改进现有的管理模式。前两节的内容显示，产业互联网和中台建设能有效加强企业的数字化程度，提升企业的运营效率。影子科技、爱驰汽车和某地产企业都是其中的佼佼者。通过这些企业取得的成果可以窥探出产业互联网与中台建设为企业实现数字化转型做出的贡献。

5.3.1　影子科技打造产业互联网平台

影子科技运用多种新兴的数字技术打造产业互联网平台，改变了现有的猪肉产业链，推动了农牧行业的数字化转型，使猪肉制品变得更健康、更美味。影子科技运用多种新兴的数字技术，打造了新型的商业生态平台，建立了独特的智能引擎，致力于为企业提供更好的服务，驱动从农场到餐桌完整产业链的数字化转型。

扬翔股份是一家以产业互联网为基础，致力于实现智能养殖的高科技农牧企业。影子科技与扬翔股份建立了良好的生态合作关系,其核心团队认为,要想借助产业互联网的思维带动整个农牧行业的发展,就要从细分领域着手。因此,影子科技决定从猪肉养殖入手,再为供应链上的其他方向提供更深层次的服务。

此外,影子科技将进一步加强从农场到餐桌的整条产业链的数字化进程,并在产品的流通过程中积极与监管部门合作。在某些重要的检验环节还需要经过第三方的认证,从而在根本上避免造假等恶性事件的发生,增强产品的公信力。同时,影子科技将进一步推进产业链各环节智能化发展,加快生产过程数字化档案的形成,借助动物识别技术实现肉类产品的溯源,提升肉制品的安全性和可追溯性。

对于数字技术在农业领域的应用,影子科技 CEO 何京翔表示,这些数字技术有许多应用机会,但真正解决行业需求、体现数字经济的价值的应用并不多见,相关企业应该从产业需求的角度出发,加深对行业的整体理解,从而更好地利用数字技术解决农牧行业的行业需求。

影子科技瞄准的农牧行业具有广阔的市场发展前景,如何抓住数字化转型的机遇,实现数字技术在农牧行业的落地,不仅是影子科技的目标,更是所有入局者共同的目标。在对数字技术应用模式的探索中,农牧行业要充分发挥协作精神,共同面对时代的挑战。

5.3.2 爱驰汽车的中台建设

爱驰汽车致力于为用户实现新型的出行方式,它是一家面向国际的智能汽车企业,也是首家实现用户深度参与的智能出行企业。爱驰汽车 CEO 杭瑜峰表示:"中台在架构上保证了未来的技术扩展能力和业务迭代能力,未来不可推测,但中台恰恰是面向未来的架构。"

前台、中台、后台是爱驰汽车的组织架构形式。在这三种架构中,前台主要负责各项业务的落实,中台主要负责为前台提供集中性强的技术支撑,后台主要负责计算力的统筹管理。爱驰汽车将提升对现有业务模式的支撑力作为规划中台架构的切入点,这种规划方式帮助爱驰汽车同步实现了三种组织结构的建设,全面提升了自身的数字效能。

互联网行业的中台比爱驰汽车的中台更宽泛，爱驰汽车的中台是所有业务线的集成者和服务者，将业务发展需要和技术环境情况作为发展重心。

数字化帮助爱驰汽车提升了各条生产线的效能，中台更是以链接枢纽的形式存在，全面提升了爱驰汽车的技术创新能力与业务迭代能力。如果没有中台，爱驰汽车将无法及时实现对部分系统的交付工作，对某些关键业务的支持工作也将有一定程度的延缓，最终导致汽车的投产时间出现延期。

在中台的帮助下，爱驰汽车利用三年的时间快速实现了从 0 到 1 的数字化建设。在现有的业务架构下对业务组件与数据交换的条件进行了调整，从而以最快的速度实现了企业的迭代升级。让企业能够应对瞬息万变的资本市场，才是中台存在的意义。

5.3.3 地产企业的双中台战略

如今，中台战略正在向传统行业延伸，越来越多的传统企业开始寻找中台战略的落地办法，房地产企业也不例外。企业 A 的主营业务是房地产开发，它与大部分房地产企业一样，数据的可拓展性和灵活性都不强，也无法同时处理大量的用户数据。

数字时代要求企业快速响应用户的需求，但用户的需求在快速地变化，因此，根据市场变化快速生成全新业务流程的能力是每个企业都需要具备的。要想拥有这种能力，企业必须与用户进行强连接。企业 A 根据自身的经营状况制定了业务与数据的双中台战略。在企业 A 推行双中台战略后，在 7 天内便分别向用户和置业顾问发行了线上售房的应用软件，在线下楼盘的寒冬期创造了可观的交易额。

企业 A 为业务中台设置了 5 项基础目标与 5 个对应的模块，同时，它还以业务中台为基础，针对自身存在的问题建设了数据中台。数据中台中同样包含 5 个对应的模块，其架构如图 5-8 所示。

在双中台战略的帮助下，企业 A 将前台的应用与这 5 个模块进行了连接，充分发挥了双中台的价值。双中台战略的实施不仅可以帮助企业 A 打通企业的内部数据，业务人员也可以更便捷地建立统一视图，为接下来的数据分析环节奠定基础。同时，企业 A 还可以借助数据挖掘算法，建立销售力模型和风险指数模型，为企业的战略决策提供数据支持。

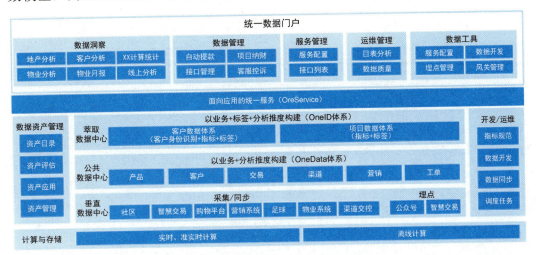

图 5-8　双中台架构示意图

双中台战略帮助企业 A 实现了智慧交易，解决了企业 A 的内忧与外患，是企业 A 突破发展阻碍的重要途径。此外，它还帮助企业 A 在保留核心价值的前提下进行创新，使企业 A 可以更好地满足用户需求，适应市场的发展趋势。

案例实战篇

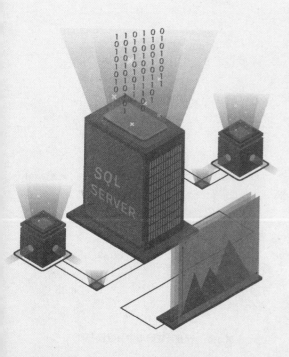

第6章 战略数字化扩展企业成长空间

数字技术催生了全新的商业模式和经济形态，同时推动着企业和各部门的进化。可以说，数字化转型已经成为很多企业的终极目标。在数字化时代，企业的发展战略也应该趋于数字化。大家需要将内外部的数据作为战略依据，通过智能化地处理与分析，了解企业的发展现状，有效预测企业未来可能面临的挑战，充分扩展企业的成长空间。

6.1 商业模式可视化：创新经营思路

构建新商业模式的首要任务是将脑海中模糊的想法，变成可视化的商业模型，以便梳理出更加清晰的经营思路。商业模式的核心在于企业为用户提供的价值，如果一个企业不清楚其自身的价值内涵，是无法建立优秀的商业模式的。

6.1.1 商业模式与企业实力有何关系

管理学之父彼得·德鲁克说过："未来企业的竞争，是商业模式的竞争。"很多时候商业模式直接决定了企业的成败。因此，商业模式创新是企业创新的重要一环。

1. 商业模式不仅是盈利模式

很多人认为商业模式就是盈利模式。实际上盈利模式只是商业模式的一部分，虽然盈利模式很重要，但并不是商业模式的全部。企业不仅要找到赚钱的

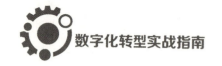

点，还要看到赚钱的逻辑。不同的企业可能盈利模式是一致的，而商业模式却不同。

2. 商业模式重视与利益相关者的关系

好的商业模式会把各利益相关者都巧妙地联系在一起，以平衡各方的利益。如果对某一方明显不利，那这种商业模式就很难持续。而这种可能存在的不利情况也为商业模式创新提供了机会。例如，360安全卫士正是基于原有模式的缺点，重新构建了模式中相关利益者的关系，成功推动了企业商业模式的进化。

3. 商业模式给了企业重新审视资产的机会

在当今社会中，企业资产已经很难支撑企业构成竞争壁垒了。现代大部分优秀企业都是轻资产企业，一方面固定资产会产生折旧损失，另一方面固定资产会占用很多资源，而实际上企业却不需要那么多固定资产。因此，在商业模式设计中企业可以考虑将固定资产重新整合，给企业减负，以提高经营效率。优秀企业常会思考如何在没有资源的情况下达到目标，这样设计出来的商业模式远比靠资本推动的商业模式要优秀。

4. 商业模式需与竞争对手比较

评价商业模式好坏需要比较。如果某企业先建立了某个成功的商业模式，后面的企业通过模仿获得成功的概率是非常小的。除非后面的企业能找到特别有区分度的定位，不然怎么都不会超过开创这个模式的企业。

5. 商业模式需考虑怎么把消费者纳入系统中

移动互联网时代使得企业与消费者的沟通成本越来越低，这极大地降低了企业获取消费者认知的成本。因此，一个好的商业模式，需要多考虑与消费者的互动问题，让消费者有持续不断的参与感。

6.1.2 必备工具：商业模式画布

在公司经营的过程中，更具价值的是能落地的商业模式。那么，应该如何梳理自己的商业模式？《商业模式新生代》作者亚历山大·奥斯特瓦德认为，完整的商业模式包括 4 个视角和 9 个板块。为此,他提出了商业模式画布的概念。下面用商业模式画布来梳理一个商业模式。

(第一视角:为谁提供?)

1. 客户细分

企业产品的转化率和客单价(每个顾客购买商品的平均金额,即平均交易额)都严重依赖于企业对客户的了解程度。企业打算为什么人提供服务?这些人有什么特点?这些是企业在设计商业模式时最先要考虑的问题。

(第二视角:提供什么?)

2. 价值主张

客户与企业合作的主要目的是获取价值。因此,企业要在商业模式中明确:自己能为客户提供什么价值?这个价值是客户一时的需要还是长久的需要?是不是拥有持续的竞争力?

(第三视角:如何提供?)

3. 渠道通道

选对渠道对企业的发展有强大的促进作用。企业要在商业模式中明确企业为客户提供价值的方式以及通过什么渠道服务客户。

4. 客户关系

企业最终与客户要形成彼此增益的关系,即让客户与自己都获利。企业的商业模式中要有获取客户并与客户建立长久联系的方法。

(第四视角:如何赚钱?)

5. 收入来源

收入来源是一个商业模式的重点部分。企业要避免收入来源单一化、同质化,要尽可能创新切入点,多元拓展收入来源,避免陷入恶性竞争。

6. 核心资源

核心资源是企业的核心竞争力,也是企业的竞争壁垒。只有在某一领域构筑起围墙,企业才能安枕无忧地赚钱。

7. 关键业务

关键业务是企业的主要经济来源。企业的业务范围应当是一专多能的。关键业务负责创造更多利润，其他业务负责降低企业经营风险。企业在商业模式中要设计好关键业务的发展方式和资源占比，让其拥有绝对的竞争力。

8. 重要合作

第三方合作伙伴也是企业发展必不可少的一部分。企业自己创造价值的能力终究是有限的，但如果与外部资源进行整合，蛋糕就会变大，企业就能有更大的获利空间。

9. 成本结构

成本也是设计商业模式过程中重要的一环，最大限度节约成本，也可以算作盈利。对此，企业要在商业模式中规划成本结构，砍掉不重要的开支和模块，让企业的效率更高。

商业模式作为一个广泛的概念，每个人都有自己的理解。而商业模式画布用 4 个视角和 9 个板块将商业模式具体表达出来，让其设计变得更简单、更高效。

6.1.3 根据用户价值设计商业模式

在互联网时代，用户从散点形态演变为部落化形态。商业模式设计的出发点在于用户是谁。没有哪家企业可以服务所有用户，也没有哪家企业可以为用户提供所有产品和服务。企业在设计商业模式时要明确自己的用户市场在哪。下面是一些常见的用户市场类型。

1. 大众市场

在这个市场中用户具有大致相同的需求和问题，企业不需要将用户进行细分，只要考虑大多数用户的需求即可。

2. 利基市场

利基市场中的用户属于特定的细分用户群体，他们的需求明确且小众，企业需要专精于某一领域,并且做到足够专业。

3. 区隔化市场

区隔化市场的用户与大众市场的用户需求略有不同,但又不算小众。例如,瑞士信贷的银行零售业务,就为拥有 10 万美元和超过 50 万美元资产的用户设计了不同的服务内容。

4. 多边市场

多边市场一般有两个或多个相互依赖的用户群体。例如,信用卡公司需要大量的信用卡持有者,也需要大量可以受理信用卡的商家。信用卡公司需要同时为这两个用户群体服务。

6.2 数字化时代,商业模式需要重组

好的商业模式可以极大地促进企业发展。随着数字化时代的来临,那些以流量为基础的商业模式逐步沦陷,这就要求企业领导者和决策层对现有的商业模式进行重组,实现 IP 商业化,进一步优化权益分配模式。从而实现企业的可持续发展,持续增强企业的盈利能力,使企业整体资产向更高级别迈进。

6.2.1 基于流量的商业模式是如何没落的

传统的商业模式大多是通过数据流量消费的增长实现企业营业收入的增加,但流量的增长只能提升产品的曝光度,只能解决企业的部分商业需求,诸如用户转化率、复购率等问题都没有得到解决。不仅如此,这种依靠流量运作的企业将会对流量存在极强的依赖性,随着流量成本的增加,企业能从中获得的利润越来越少,这种商业模式也逐渐没落。

与此同时,企业的经营惯性、同质化的产品与服务进一步加速了这种商业模式的没落速度。如今的企业大多都没有摆脱思维定式,依然将流量作为企业增效降本的秘密武器。而每一次的技术升级都会引领全新的战略风向,这就导致了价格战。

"9.9 元包邮"已经成为打造爆款产品最常用的营销方式之一。这种方法可

以在短时间内提升产品销量，但它只能为企业带来与品牌定位不一致的、无法提升复购率的流量，不能为产品背后的品牌增强用户黏性，提升曝光度。不仅如此，过度依赖流量的企业也很难获得长足的发展。

当然，基于流量的商业模式对于那些用户量较少、不需要实时监控的业务场景十分适用，这种模式也不会就此消亡。企业应该顺应时代的变化，对现有的商业模式进行数字化创新，扩展企业的成长空间。

6.2.2　IP商业化=人格认同+质量保证+自带流量

对于一家企业而言，品牌是核心价值，用户的注意力永远是稀缺资源，他们可能会记不住企业的名字，但能轻易地记住某些品牌。实际上，实现品牌IP的商业化，可以唤醒用户的人格认同感和质量认同感，为企业带来巨大的流量。

心理学中的社会认同效应很好地解释了这种用户心理。社会认同出现在用户的决定具有不确定性时。当用户遇到自己拿不准，或者不确定性过大的事件时，就会通过观察其他人确定自己的行为。这时，一个实现IP商业化的品牌更能获得用户的青睐。

当一个品牌在自己的领域中占据相对强势的地位后，就能通过这种心理学效应潜移默化地影响用户行为。很多用户在淘宝、京东等电商平台购买产品时，会选择销量更高、名头更响的品牌，也是出于这种心理。当有许多人称赞这个产品时，其他用户也会觉得这是个优质的产品；当有人有理有据地陈述产品的问题时，一些用户的购物热情就会减弱。

用户购买的不仅仅是产品，还包含着态度、生活方式、情感等。他们并不总是理性的产品功能追求者，有时也需要情感上的认同，这种情感认同随着社会经济的发展和个人工作、生活压力的增大而更加迫切。因此，学会利用用户的"情感痛点"去影响用户的选择，能更有效地促使忠实用户群的形成。

品牌IP商业化能通过提升品牌的知名度和影响力轻易地唤醒用户的人格认同感。在用户眼中，实现品牌IP商业化就是实力的表现，实力强大的品牌生产的产品也更有质量保证。这种认同感会影响用户的购物决策，为品牌带来巨大的流量。这也是品牌IP商业化的核心价值所在。

品牌知名度和影响力是企业的无形资产。这些无形资产能为企业带来巨大的品牌价值，一个有影响力的品牌可以使得企业拥有更大的市场和利润，对品牌长远发展有着不可估量的作用。

6.2.3 以"免费"为核心的商业模式

假设你收到一件不合身的外套，这件外套既与你的肤色不相称，又与你的身材不相符，但它是免费的，你会拒绝吗？大部分人虽然知道自己日后肯定不会穿，但依然无法拒绝，只因为它是免费的。这就是免费的力量。

很多企业都知道免费的力量，所以它们会在展会上向客户赠送低成本的小礼品，吸引客户走向摊位；为会员提供免费试用品，提升他们的黏性，以此吸引更多用户，开启良性循环。免费不是一种商业模式，只是协助经营的营销策略。

许多数字技术公司通过免费、低价开展业务，从而引发消费者兴趣，增加会员数量。但并不是所有企业都能用免费来获得盈利，事实上只有少数企业能用免费样品、免费内容等增加自己的营业收入。

那么，企业应该在什么时候提供免费服务，又应该提供多少？当公司需要增加潜在客户需求时，提供免费产品就是一个好办法。例如，一些视频 App 会免费向用户开放前几集的内容，以吸引他们付费观看。

很多企业在提供免费服务时都会犯一个错误，即不能提供完整的体验。因为他们觉得完整体验的成本有些高，客户体验完整的过程后可能就不会付费了。事实上，这会让潜在客户对体验产生错误想法，因为他们初次的体验并不好，所以他们会认为付费后的体验也不过如此。

有些企业不愿意提供免费服务，是担心潜在客户在试用期间就满足了需求。例如，某企业主管想对会员活动进行深入调查，而某调查公司刚好在提供免费试用服务，那么这位主管就能利用免费试用服务完成调查，而不需要付费成为会员，因为他不需要长期使用该服务。对此企业可以设计一个短期的收费方案，以应对客户需要短期使用服务的情况。

然而，同时提供免费和付费的服务并不是一件容易事。如企业在免费服务中提供了太多价值，客户就没有动力去付费。反之，如果企业没有提供足够的

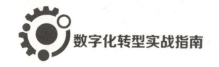

价值，产品就不会吸引任何人。企业要记住免费不是一个孤立的策略。免费要与其他元素结合在一起，才能发挥作用。企业必须制订一个计划，让免费环节创造一定的收入。

如果一个免费策略可以为未来的用户创造更多效益，帮助潜在用户了解企业品牌，让潜在用户为了获得更高水准的服务自愿升级为付费会员，那么这个免费策略就是有意义的。

6.2.4 拼多多：数字化商业模式展威力

在了解现有商业模式优劣后，下面以拼多多为例，简述数字化商业模式是如何为企业扩展成长空间的。

从创立到 IPO 上市，拼多多仅用了 34 个月的时间。2018 年 7 月，拼多多在上海和纽约两地同时敲钟，在纽约以股票代码"PDD"在纳斯达克上市。上市当天，其股价为 26.7 美元/ADS，其市值为 351 亿美元，相当于 2/3 个京东。

那么，拼多多凭借什么能快速汇聚 3 亿多用户和过百万卖家、实现数千亿的商品交易规模和数百亿美金的资本估值，成为一家能与阿里、腾讯、百度、京东与网易等互联网巨头并驾齐驱的企业？答案就是其采用的数字化商业模式。

拼多多的本质是依靠社交＋拼团的模式发展的，其社交模式通过微信提供流量入口、庞大的流量池快速奠定基础；其拼团模式所必备的支付工具也可以通过微信轻易解决。这样，拼多多借助腾讯的流量，吸引更多的人加入网购，通过拼手气砍价等吸引消费者分享微信群、分享朋友圈、拉人达到优惠力度等，一方面增加粉丝黏性，另一方面提高交易频次，快速建立新的生态圈。

拼多多创始人黄峥曾在给股东写的信中说："拼多多建立并推广了一个全新的购物理念和体验——拼。拼多多做的永远是匹配，将好的东西以优惠的价格匹配给合适的人。"这里的"拼"既是拼团也是拼价，拼团建立在成熟的社交商业模式基础上，例如腾讯的微信社交；拼价建立在成熟的电商模式基础上，例如顺丰的物流、相对成熟的电商体系、强大的制造业支持等。

另外，黄峥先生非常清晰地看到了实现商业模式的用户土壤，他一再强调："平心而论，做拼多多这个东西一大半靠运气，不是靠一个团队纯努力与经验就能搞出来的，这源于深层次的底层力量推动，很像是三四十年前深圳的改革开放，热火朝天、生机蓬勃、野蛮生长，背后是由于市场经济改革与开放带来的推动力，我们是上面开花的人，你做什么就会有爆炸式的增长，这是大势推动的，单凭个人和一个小团队的力量是绝对做不到的。"

事实上，拼多多的成功不仅基于其新颖的销售战略，还在于其不断创新变化的数字化商业模式。例如，拼多多力求通过大数据为用户定制差异化、个性化的"Facebook式"电商，其最新推出的"新品牌计划"，也使得大规模、定制化的C2M模式成为可能。

拼多多将原有的商业模式与数字化战略进行了有机结合，同时不断创新自身独有的"拼团"模式，快速变革了现有的行业格局。这也是拼多多成功的必然原因，这种数字化战略值得大多数的创新企业借鉴。

6.3 简化盈利模式是企业的重要任务

极简是一种被大多数人低估的优质盈利模式的特质，它能让企业聚焦最基础的盈利问题。无论企业的业务结构有多么复杂，那些最简单的盈利模式往往有着不简单的内涵，会对企业产生最大的影响。因此，要将简化盈利模式作为企业的重要任务，更新企业的运营模式，更多地关注股东与用户的价值，简化企业的资产结构，让企业可以更好地适应极速变化的资本市场。

6.3.1 效益提升30%与300%，哪个更容易

随着时代的进步，许多企业都已经触碰到了行业的盈利上限，这时要想实现5%的效益提升都是一件非常困难的事。但如果企业可以变革传统的发展模式，打破原有的竞争格局，就可以轻松实现300%的效益提升。

如今爆红的酸菜鱼只是川菜中的一道菜品，有人发现了它的价值，将这道菜快餐化、去厨师化，实现了菜品的价值重构，发展成为完善的餐饮品类。实际上，这种逻辑适用于各个行业。如果企业可以挖掘出产品背后的核心原理，再经过逆向推导、拆分重组后，就能实现价值重构，创造出足以变革产业的创新产品。

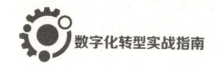

著名企业家马斯克同时经营包括特斯拉、太阳城等数十家庞大的企业。这种思维逻辑帮助他完成了一个又一个的创举，如重构了智能汽车的电池，提出了城市隧道的构想，实现了火箭的回收再利用。

早期的智能汽车无法广泛普及的原因就在于价格过于昂贵。在将这个问题进行拆分后，马斯克发现电池是智能汽车最贵的部分，每辆汽车都要花费5万美元配置电池。在找到问题的核心原理后，他便开始进一步研究电池的材料组成及构造原理，对智能汽车的电池进行了重构。他的方法让智能汽车的成本降为原来的1/7。

不仅如此，马斯克还表示要将每英里隧道的挖掘成本降为原来的1/10，火箭的发射成本降为原来的1/100，许多他参与构想的项目已经正式投入使用。这种思维的变革推动着行业的创新发展，许多行业都因此发生了翻天覆地的变化。

当然，这种思维方式并不是马斯克的专利，类似的案例还有许多。例如，在马车公司出现经营困难时，福特先生没有立即开始对马车结构进行改良，他认识到用户使用马车是为了更快地到达目的地，由此制定了汽车的制造方案，从根本上解决了公司遇到的问题。

当遇到经营管理的瓶颈时，与其苦思冥想如何提升30%的效益，不如找到问题的本质，重构企业的价值，实现300%的效益提升。因为行业达到一定高度后，势必被现有的技术、生产能力、战略方法所局限。如果不从现有的思维模板中跳脱出来，能提升的永远只是现有技术的熟练度。

如今的资本市场变化莫测，每一种新想法都可能使企业在激烈的市场竞争中脱颖而出。在这种情况下，更应该更新自己的思维模式，将实现300%的效益提升作为企业的盈利目标，从而推动整个行业的创新变革。

6.3.2 创新盈利模式的元素

盈利模式即企业收入、成本结构的分配方式。传统盈利模式的收入与成本往往一一对应，企业能从中获得的利润也十分有限。如果可以对盈利模式的基本元素进行创新，就可以有效扩大盈利渠道，实现长期、稳定的盈利。

以手机销售模式的转变为例。随着盈利模式的调整，手机销售的渠道从门店专卖模式转变为电商直销模式，这个过程就是对销售成本的调整，有效节省了大量人工成本，极大地拓宽了产品的盈利增长空间。

奈克史特（Next Restaurant，后文简称 Next）是一家新兴的高档创意餐厅。与餐饮行业的传统消费模式不同，Next 不支持现场点餐，而是会根据季节变化为用户提供最新鲜、最具营养的菜品。除此之外，Next 还采用了独特的门票验证机制，用户需要提前在网络上购买门票，只有持有门票的用户才能进入餐厅就餐。

自创办以来，Next 获得无数好评，不仅获得了芝加哥论坛报中 15 位美食评论家的四星好评，还获得了具有"美食界的奥斯卡"之称的詹姆斯比尔德奖。开业未满 4 年，就已经接待了 2 万余位用户。

Next 餐厅大堂中摆放了许多 2 人、4 人、6 人的小餐桌，餐厅内部还设置了许多 7 至 10 人的独立房间。餐厅会根据用户选择的位置及用餐时间收取不同的费用，人均消费为 90 至 165 美元。Next 会根据季节的变化为用户提供不同主题的菜品，每种食材都会邀请顶级厨师制作。为提升用户的消费体验，Next 还推出年票服务，购买年票的用户可以在特定的时间享受美食。

这种提前预订、不接受点餐的模式，有利于餐厅进行统一管理，有效避免了食材的浪费。同时，由于餐厅不需要依靠自然人流吸引用户，Next 便可以将餐厅设置在租金更低廉、环境更高雅的地方，全方位地实现了运营成本的降低。

对于用户而言，在 Next 用餐不仅意味着可以在不同季度享受顶级厨师制作的美食，还意味着可以摆脱选餐的烦恼，节省了等餐的时间。在这种高档餐厅用餐同样也是身份的象征，他们也会更愿意为这种别具创意的餐厅进行宣传。

通过这个案例不难发现，企业业务的各方面都可以作为模式优化的着力点。在对盈利模式进行创新后，企业便可以获得长期、稳定的营业收入，企业的成长空间也会得到进一步的扩展。

6.3.3 关注股东利益与用户价值

在激烈的市场竞争中，没有深厚财力和稳定用户的企业很容易成为牺牲品。因此，在简化盈利模式时，还要充分关注股东利益和用户价值，这样才能最大限度地避免在简化自身业务时出现经济损失。

投资人在投资前最关注的问题就是企业能否带来丰厚的投资回报以及企业给股东的优惠待遇。据相关调查，四川的乐山、宜宾、成都、泸州等地的多家企业融资后都通过建立股权分配制度、加大投资人关系管理等方式回报股东，这些企业也无一例外地得到了长足的发展。泸州老窖就是通过股权分配制度扩大盈利空间的经典案例。

泸州老窖的董事长表示："在股权分置改革之前，公司的现金分红是一种被动行为；在股权分置改革之后，公司董事会转变观念，对积极回报投资者、给投资者以真实回报有了进一步认识，现金分红成为管理人员的主动行为，成为回馈投资者的主要手段。同时，公司实际控制人用在公司分得的现金，打造白酒配套产业链，又反过来促进了公司的发展。"

关注用户价值要求能更好地解决用户需求，通过价值的创造使得品牌成为具有相同需求用户的聚集地，聚集成精神上的部落。

随着小米的发展，"为发烧而生"已经成为小米品牌的定位。在不了解手机的细节特性时，这样的宣传口号可以更深刻地体现小米"低价格""高性价比"的特点，从而吸引大批存在相关需求的用户。

在利用产品价值聚集用户后，就需要持续进行价值输出。因为只有这样，才能有效维持品牌与用户之间的稳定关系，从而激发用户的归属感，提升用户的留存率。

小米的直营客户服务中心——小米之家，致力于为广大"米粉"提供小米手机及配件的自提、售后、维修等服务，是小米用户最主要的交流场所之一。它带给用户一种温馨的感觉，让身处其中的人感觉自己是这个群体中必不可少的成员。

当企业将股东利益与用户价值放在首位后，就能更清晰地认识到支持企业发展的核心动力是什么，并将最核心的资源集中用于攻克最重要的目标。只有这样，企业才能实现更高效、更有序的运作，从而更好地面对变化莫测的资本市场，最终实现基业长青。

6.3.4 打造多频化与多元化收入

企业要设计一个盈利模式让收入变得多频化与多元化。

1. 收入多频化

让企业收入多频化的核心理念是增强客户黏度，即让客户购买产品成为企业与客户关系的开始，构建粉丝群，围绕粉丝群升级产品，开发新产品和服务。客户购买产品需要的不是产品本身，而是满足需求、解决问题。从这个角度出发，可以发现许多收入多频化的方式。

（1）会员制

美国的一些小众电商平台都利用会员制来增加客户黏性、提高复购率。在我国，虽然各大企业也应用了会员制，但却停留在初级阶段。会员制的核心是企业和会员建立的双边关系，企业给会员提供更好的服务，会员反馈给企业更忠诚的消费行为。

（2）产品+耗材

19世纪末，吉列开创了"产品+耗材"的模式。这个模式的精髓在于：通过廉价剃须刀获取客户，销售高毛利的刀片持续盈利。

（3）产品+配件

配件和耗材的模式虽然看起来相似，但配件模式更有难度，耗材模式是先用产品锁定客户，让客户必须选择购买。而配件模式是通过个性化的可选方案，满足更多客户的需求。一般情况下，消费频率高的产品，大多选择耗材模式；而消费频率较低的产品，大多选择配件模式。

（4）产品+服务

服务可以分为两种：一种是设备服务，如检修、保养等；另一种是数字化时代的信息服务，如监测、控制、自动化等。企业要想走出红海竞争，必须转变思维方式，从产品模式转化为"产品+服务"的混合模式。

2. 收入多元化

（1）混搭模式

"混搭"是指将不同行业的产品根据消费者的使用场景融合在一起，从而提升销量。这种模式的关键在于跳出固有的行业观念和惯性思维，真正以用户为中心想问题，只有这样才能解锁混搭的各种可能性。

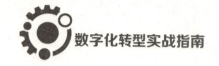

（2）引入第三方

对于企业而言，客户流量是有价值的。如果企业想要增加收入，就需要愿意为企业的客户流量付费的第三方。第三方的引入会改变企业的盈利结构，企业的收入不再只来源于客户，成本也不再只由自己负担，而是既有来自客户的订单，也有来自第三方的订单，成本也可以分摊一部分给第三方。

（3）双层架构

双层架构与"产品+配件""产品+服务"模式大概相似，但双层架构加入了平台的概念。简单来说，就是建立基础平台和上层平台，分别提供不同的产品和服务，维系平台之间的精准客户群体。

设置双层架构，企业要牺牲基础平台的一定利润，以吸引更多客户，为上层平台奠定盈利的基础。另外，企业要清楚基础平台和上层架构的关键点不同，基础平台，关键以价格取胜，能免费就免费，尽量选择高频的产品和服务；上层平台必须与基础平台存在强关联的应用场景，否则客户很难转化，上层平台的产品也要保持高性价比，不能只靠暴利来赚钱。

6.3.5 轻资产模式更符合现代社会

采用轻资产模式的企业往往可以灵活运用资产杠杆、负债杠杆以及价值杠杆。因此，这些企业整合关键资源的能力更强，资本运作的效率更高，能够以极低的投入资本，获得极快的周转速度和极高的资本收益。

由于采用轻资产模式的企业通常具有较小的资本规模和较低的资产负债率，它们往往会获得较高的利润净值，它们的盈利能力会比采用重资产模式的企业强。小米公司就实行了轻资产的运营模式。它将生产、物流配送环节全部外包出去，自己只负责研发、设计、售后服务等环节，从而减少了固定成本的投入和摊销，避免了可能出现的资金积压，极大地提升了资金的周转速率。

万达集团的核心子公司万达商管也启动"轻资产化"的升级战略。这意味着，万达集团深耕多年的轻资产模式即将步入新纪元。这样的模式除了有效降低万达商管的商用地产库存风险，轻资产模式还可以帮助万达商管快速抢占市场份额，利用较小的资金投入，获取较大的经济收益。这种新型管理运营模式的必然性可以总结为以下3点。

1）随着数字经济的迅猛发展，市场需求也发生了日新月异的变化，企业只有减轻自身的资产负担，才能更好地适应市场的变化。房地产行业的传统运营模式是在拿地的过程中通过融资获取建设资金，在项目建成后再通过项目销售进行回款。这种运营模式虽然能够撬动大量资金，但企业也需要承担巨大的资金压力。在这种情况下，企业通过战略转型减轻自身资产负担，也是时代发展的大势所趋。

2）土地价格日益提升，房地产企业购买优质土地资源需要的资金支持也随之提升，越来越多的持有型物业也使企业的资金压力出现了大幅增加。在这种情况下，轻资产模式可以优化企业资产架构，有效增强企业的风险抵御能力，推动企业的快速发展。

3）传统的重资产模式将业务、资产作为企业的发展重心，轻资产模式则将创造价值作为企业发展的核心战略。类比到万达商管，则是从赚取资产升值收益转变为品牌打造，即为目标企业提供包含选址、设计、建造、运营在内的一体化服务。这样就可以将存量市场作为发展原点，从根本上降低企业的资产负债率。

轻资产模式不是简单地将现有资产进行资源整合，而是实现资产的生态共生。万达商管在实现全面轻资产化后，也将由商业管理型企业彻底转型为商业服务型企业，通过一体化服务为更多企业进行赋能，最终构建万达集团商业生态系统。

通过万达商管的案例不难发现，轻资产模式可以显著降低企业的资产负债率，稳定推动企业的经营发展。

6.4 改造现有业务体系

许多企业已经建立较为完善的业务体系，并为其制定了配套措施，但它们中的大多数始终无法达到理想的运作状态。这就要求对现有的业务体系进行改造，使得企业现有的业务体系与自身的经营现状完美匹配，从而及时发现并解决运作中的问题。

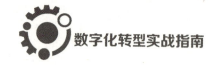

6.4.1 坚持核心业务不动摇

许多人都喜欢为企业设计复杂的业务模式，似乎业务模式越庞大就意味着越完善、越能形成竞争壁垒。其实落实到实践中就会发现，为公司添加新业务非常容易，但对纷繁复杂的业务进行删减却十分困难。尤其是在企业发展初期，只有将资源聚焦到公司的核心业务上，才能在激烈的市场竞争中取胜。

孟子云："人有不为也，而后可以有为。"说得也是同样的道理，在某个阶段可以不做什么，才能将时间与精力聚焦更重要的事。如果能够化繁为简，战略性地放弃那些不必要的业务，就能实现公司更为高效、有序的运作。

德国超市奥乐齐是坚持核心业务的杰出代表，其开店初衷只是为了满足"二战"后人们最基本的生存需要。与其他大型超市的经营理念有所不同，奥乐齐放弃了大多数品类，专注于经营食品及最基本的日常用品，且只经营少量而固定的品牌。这种经营模式也帮助奥乐齐与许多优质信誉的供应商建立起了友好互信的合作关系，极大地降低了他们的进货成本。

随着规模的扩张，奥乐齐依然将核心业务作为经营重心，极力节省在人员管理、产品包装或营销推广等方面的运营成本。如今，奥乐齐已经从一家小小的食品店发展成世界驰名的折扣连锁超市，在全球范围内拥有1万余家分店，每年的销售额都能超过700亿美元。

近些年的网约车大战也是同样。为占据市场份额，滴滴App在发展初期放弃了用户使用体验、预约服务、用户反馈等高段位功能，专注于为用户提供最基本的约车服务。这种运作模式也成功帮助滴滴在一众约车软件中脱颖而出，实现营业收入的快速增长。在获得绝对优势后，滴滴才开始将产品优化、提升用户体验作为发展的新重点。

在企业发展的初级阶段，应该综合考虑公司内部的利益矛盾及外部市场环境的变化趋势，将有限的资源集中用于攻克最重要的目标。这样可以极大地提升企业运作效能，带领企业走向更为辉煌的未来。

6.4.2 把利益相关者整合到一起

企业应该如何实现行业的变革？最直接的方法就是资源整合，整合第三方利益相关者，扩大资源规模，让所有合作者都能获利。广东一家企业通过平台模式和资源整合的业务体系，成功在数字化时代实现了转型，获得了非常不错的发展。

1．需求定位

这家企业转型前的主要痛点是产品销量少、赊账过多、传统进货渠道少、产品价格高。于是该企业决定使用O2M模式，即线上与线下结合，客户可以在线上下单在实体店取货。

2．如何获取精准用户

这家企业和车险企业对接，定向向有车一族销售高端的红酒、皮具等。这些客户有一定的资金实力，且以男性为主，非常符合产品的定位。

3．如何让三方共赢

这家企业与保险公司合作，开发了一个平台，通过这个平台，让消费者和商家对接，即车险和高档产品对接。没有了中间商，既能降低价格，又能让企业从中获得更丰厚的利润。

这家企业整合了一些高利润行业的商家，如旅游、娱乐、健身、美容、高档红酒、高档皮具等。对消费者而言，在这个平台购买这些产品可以返现18%或兑换等价值的产品，消费者得到了切实的利益。对商家来说，其不仅多了一个消费渠道，还提高了品牌知名度。通过这个平台，商家相当于在全国开了无数家分店，节省了招商、营销推广等费用，只要铺货就可以了。对平台来说，资源整合策略为消费者提供了更优质的产品，还变大了"蛋糕"，让所有人都能获利。很多商家都发愁没有流量，那么有了这个平台，消费者在网上就能看到商家，还可以去当地城市的店面拿货。这样既保障了商家的流量，又可以让商家和消费者直接对接，降低了产品价格，加强了两者之间的联系，实现双向共赢。

6.4.3 "三步法"助力企业优化业务

当建立起业务结构后，还要实现业务结构与公司的经营现状的匹配，及时发现并解决企业运作过程中出现的问题，最大限度地提升员工工作效率。"三

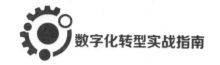

步法"是对企业业务结构进行评估与优化的方法,可以利用这个方法对企业的业务结构进行合理调整,进一步简化企业的盈利模式。"三步法"的具体步骤如下。

第一步,确定评估对象。除了核心业务,企业内部还存在大量的重要业务及辅助业务。因此,需要选择其中最有代表性的业务,并将它们的评估结果扩展应用到相似业务中,从而最大限度地节省时间成本及人工成本。通常情况下,会在涉及企业核心竞争力、成熟度较低、绩效波动大且容易出现失误的业务中进行挑选。

第二步,进行业务评估。在确定评估对象后,需要根据业务的盈利情况及实际的实施情况提炼多个评估指标,对各项业务的运作流程进行实时监控及分析,并及时记录评估结果。在评估的过程中,还应该标明每项业务的执行或负责岗位,每项业务的具体内容、预期目标与执行范围,从而提升后期的调整及落实效率。

第三步,优化业务流程。第二步中获得的评估结果,就是进行业务优化的主要依据。当然,在此基础上,还需要进一步收集业务数据,并对其进行横向与纵向的比较,进一步掌握业务现状,深入调查需要优化的环节,并为其制定相应的优化方案。

要想突破发展瓶颈,就必须充分了解企业的整体架构,建立竞争优势,降低运营成本。这就要求对企业现有的业务结构进行优化,为企业的战略模式提供强有力的支撑,从而扩大企业的盈利空间。

第 7 章 行政管理数字化成就高绩效

市场环境瞬息万变，整个商业市场正在进行优化升级，企业的行政部门也需要积极拥有数字化时代带来的效率提升。从组织变革、企业文化、移动办公、出差管理等角度出发，能够让数字化的管控方式渗入到行政管理的日常中，让数据成为管理人员的决策依据，通过行政管理的数字化转型成就高绩效，解决破立之间的转型问题。

7.1 数字化时代的组织变革

在数字化时代，变革已经成为企业的常态，经济下行的压力也逐渐增大，所有经济体都在寻找发展的方法。但在这样的背景下，仍有很多企业获得了快速且稳健的发展，其中有什么共性吗？从组织结构的角度看，这些企业都具有较强的响应能力，可以根据时代的要求快速实现自我变革。

7.1.1 组织如何变革

在现代管理中，组织架构对企业整体的发展效率和发展方向产生巨大的影响。随着数字技术的发展，企业的组织架构也产生了重大的变革。做事情都讲究流程完整、步骤明确，设置组织架构当然也不例外。联创世纪商学院总结出设置组织架构的"5步法"，即战略对接、选择类型、划分部门、划分职能、确定层级。

第 1 步，战略对接。组织架构的设置应该是战略为先，组织架构后行。依

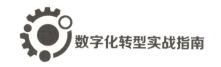

照战略设置出来的组织架构要更加科学,而且资源分配和方向也会比较合理。另外,因为战略和组织架构相互契合,所以企业的发展不会偏离轨道,管理者只需要看目标有没有达成即可,员工也不容易产生过度膨胀的欲望。

第 2 步,选择类型。选择类型即到底是采用直线型、职能型,还是矩阵型、事业部型、区域型。在进行这一步时,必须以战略、企业管理方式等因素为基础。由于不同发展阶段所需要的组织架构不同,也要根据实际情况进行选择。

第 3 步,划分部门。完成战略对接,选择好类型以后,就应该开始进行部门的划分了。随着企业的发展壮大,业务会越来越多,分工也要越来越细,但是当细到一定程度时,一个层级的管理就超出了限度。在这种情况下,企业就可以把职能相近或者联系度高的部门放在一起,然后再指派能力较强的管理者负责管理。

第 4 步,划分职能。企业选择的组织架构类型不同,职能会有各种各样的组合。在企业当中,每个部门都有自己的职能,都要承担相应的责任和义务。职能划分得更具体,各部门的岗位设置就会更合理,员工的工作内容就会更明确,企业的发展态势也就更迅猛。

第 5 步,确定层级。一般情况下,企业分为决策层、管理层、执行层、操作层 4 个层级。其中,决策层的人数最少,操作层的人数最多。要确定合理的层级,除了要考虑企业的职能划分以外,还应该设定有效的管理制度。同时,各层级之间都应该自上而下地实施管理与监督的权力。

企业只有加大组织变革的管理力度,才能更好地面对变幻莫测的数字化时代。在数字技术影响下自发形成的工具或方法往往拥有更强的实践效果,也需要正确利用滚雪球效应,用成功案例激发各组织、员工的潜能,实现企业的可持续变革。

7.1.2 培养高响应力组织

未来的组织形态可能没有定性,但一定具备一致、自主的特征。组织和个体需要在一致性和自主性中找到平衡。一致性与自主性高度相关,却属于两个不同的维度。

1)低一致性、低自主性:管理者下指令,团队执行。

2)高一致性、低自主性:管理者告诉团队要做什么,以及怎么做。

3）低一致性、高自主性：团队各行其是，管理者没有实权。

4）高一致性、高自主性：管理者提出需要解决的问题，团队寻找解决方案。

整个企业为了一致性的目标完成具备创造性的任务，这就是未来的组织形态。因此，企业需要培养具有高度的灵活性及响应能力的组织。

企业可以利用价值驱动决策提升组织的响应能力。价值驱动决策的本质是通过产品及业务使价值确定企业接下来的发展方向，价值驱动决策的流程示意图如图 7-1 所示。

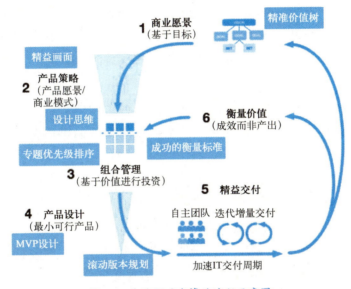

图 7-1 价值驱动决策的流程示意图

价值驱动决策致力于实现投资、管理的价值最大化，它会为企业的战略目标匹配最契合的执行方针，显著增强企业的市场响应能力。企业可以通过以下步骤实现。

第 1 步，规划发展战略。

管理层需要与整个业务部门在业务管理机制的问题方面达成共识，并从组织架构的层面出发，对企业的商业愿景、目标、行动方案等问题作出规划。这需要以用户为中心，并及时根据市场运营的价值反馈对发展战略进行调整。

第 2 步，建立可视化的待办事项列表。

在完成发展战略的制定工作后，需要将其中的每个愿景、目标进行可视化

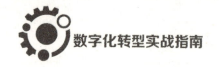

处理,并且对每项行动方案进行深度分析,建立可视化的待办事项列表。

第3步,建立评审与决策机制,对待办事项列表进行审核与调整。

评审与决策机制需要由项目负责人、业务人员、市场运营等领域的技术专家共同决定。同时,他们还需要对项目的用户反馈、运营数据等资料进行整理,并对是否调整项目战略、各决策专题的优先级等问题进行深度推演。这种会议以每月一次为宜。

第4步,选用最佳的项目实施方案。

通常情况下,策划团队都会提出不只一份实施方案,这就需要根据评审结果对这些方案进行拆解,将优先级最高的专题规划到即刻实施的版本中,形成几个不断迭代升级的滚动式方案,并将最佳的实施方案交付给研发团队,开始后续的研发工作。

这种价值驱动决策会根据企业的商业愿景制定最适宜的项目策略,同时还会根据市场反馈持续对项目策略进行调整,是最佳的高响应力组织的培养方式之一。

7.1.3　海尔的组织转型方案

海尔集团是全球领先的家电品牌。2021年1月,世界权威调研机构欧睿国际发布了2020年全球大型家用电器调查结果,数据显示,海尔的大型家电零售量位列全球第一,这也是海尔第十二次蝉联全球第一。

如今的海尔,已经从一家资不抵债的传统家电制造企业,变成一家引领物联网时代的生态型孵化平台。随着数字技术的发展,海尔展开了数字化转型,从组织架构、经营理念、薪资模式等方面全方位地变革了旧有模式。因此,越来越多的企业家前往海尔进行调研与访谈,学习海尔的组织转型方案。

随着经营理念的升级,海尔CEO张瑞敏提出了"人单合一"的新型商业模式。这是一种将员工价值与用户价值进行了紧密结合的商业模式,在这种模式下,员工将以满足用户需求为己任,直接与用户进行对接,管理人员则成为资源的供给者。十余年的探索使这种商业模式在海尔初具规模,提升了海尔的沟通和决策效率,增强了海尔的市场竞争力。

这种经营理念的变化同样带来了组织架构的变革,海尔的组织架构从传统的塔形科层制向新型的小微生态圈转变，如图7-2所示。

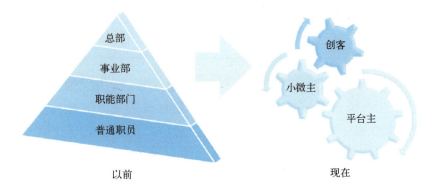

图7-2　海尔的组织架构前后对比

与此同时，"人单合一"的商业模式也改变了海尔的薪资模式。它将员工的薪资标准由上级评价、企业付薪转变为用户评价、用户付薪，最大限度地提升了员工对用户需求的重视程度。此外，海尔创立的独特经营核算体系，将战略损益表、日清表和人单酬表作为员工工作的考核依据。这几张表单增强了工作内容、工作重点、工作目标、工作奖励等信息的透明度，有效激发了员工的工作热情。

海尔利用自身的渠道以及技术优势，为各高校的洗衣机安装了物联网模块，高校的学生可以通过"海尔洗衣"App查询并预约闲置状态的洗衣机，再借助第三方支付平台进行付款。每完成一笔交易，"海尔洗衣"都能从中抽取10%作为服务费用。在海尔的资源支持和小村资本的资金支持下，这个项目很快就取得了成功。试运行仅一年，小村资本的投资收益就获得了10倍的增值。

在海尔内部，还有许多类似的创业项目，这些项目使海尔变成一个孵化平台。那些具有想法和能力的创业团队都会得到海尔的大力扶植。以"海尔洗衣"为例，在创业初期，海尔为"海尔洗衣"引入了风险资本方小村资本，在聚集社会资源的同时降低了团队的创业风险。当"海尔洗衣"的发展步入正轨后，海尔则溢价回购了小村资本持有的部分股份，再为其吸引新的风险投资，并不断推进"海尔洗衣"的上市计划。

这种孵化模式不仅使海尔从传统扁平化的组织架构升级为引领物联网时代的创业项目孵化平台，还帮助海尔规避了创业风险，盘活了闲置资源。这种生态型的组织转型势必成为大型企业进行组织转型的新态势。

7.2 从控制型文化到赋能型文化

传统的管理办法以控制风险为核心，但过于严格的制度会阻碍企业的发展。谷歌创始人拉里·佩奇曾经说过："未来组织最重要的不是管理与激励，而是赋能。"因此，企业需要简化刻板的规章制度，从原本的控制型文化向赋能型文化转变。与此同时，管理人员也需要将自己定位为企业的赋能者而非控制者，努力为员工们提供一个发挥潜能的平台，更好地为企业赋能。

7.2.1 根据企业的战略设置愿景

最近几年，移动互联网不断发展，企业面临的挑战将越来越严峻。理解业务战略，根据企业的业务战略设置企业愿景，并将其与行政管理工作相结合，可以有效促企业的发展，也是企业提升竞争力的最佳方法之一。

业务战略的主要作用是满足企业需求，需要根据业务战略的变化对企业的愿景进行调整。当外部市场环境发生变化或者内部经营环境发生变化时，企业需要重新制定或调整业务战略，企业的发展愿景也要进行相应的调整，从而为全新的业务战略指引方向。

例如，某企业制定了五年之内规模和盈利达到行业前三位的目标，但由于一次重大失误导致目前的实力无法支撑这一目标的实现。这时就需要根据企业的发展战略设置愿景，考虑如何通过资本运作解决现存的问题，为实现目标制定措施。

业务战略与企业的经营、管理和服务等活动能否取得良好的效果息息相关。企业 A 是一家综合型企业，其中房地产开发是其核心业务，也是其最主要的利润来源。但是因为房地产市场的竞争日益激烈，资源越来越紧张，所以企业 A 决定将矿产开发扩展为新兴的业务，并进行重点扶持。

企业 A 原本的业务战略主要围绕房地产开发，在新增了业务后，就对自身的发展愿景、组织架构、岗位设置等工作进行了调整，并针对矿产的开发与管理组建了新部门。对于企业 A 而言，矿产开发不仅是新兴的业务，更是二次创业的支柱产业。在该业务初步发展的关键阶段，需要对进度、需求、工作情况进行全面把控，充分满足业务战略的需要。

根据发展战略设置愿景，可以为企业实现高质量的发展带来正面的效果，还可以与外部经济发展状况建立联系，使企业跟上市场发展的潮流，切实做好行政管理工作。对于处在数字化转型关键阶段的企业而言，更是不能忽视的重点。

7.2.2 年轻的员工更喜欢OKR

OKR是一套目标管理与目标沟通的管理工具，O是Objectives（目标）的缩写，KR是Key Results（关键结果）的缩写。它打破了以往从上往下分配目标的方法，强调上下双向地制定目标。它能给组织带来最大的价值就是：上下一致、左右对齐、自我驱动。

OKR的管理理念得到了越来越多的企业认可，互联网行业的头部企业都纷纷开始应用OKR，字节跳动就是其中最典型的案例之一。

字节跳动旗下的产品和业务快速扩张，在市场上占据了领先地位，并在短视频领域取得了让整个互联网商界都为之震惊的成绩。字节跳动的产品图鉴如图7-3所示。

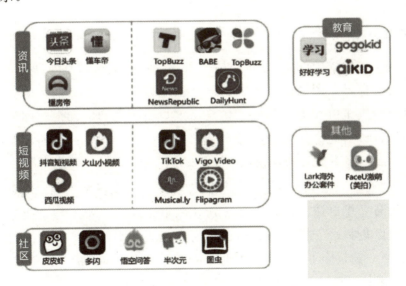

图7-3 字节跳动的产品图鉴

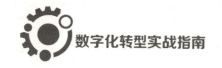

字节跳动可以发展得如此迅速与 OKR 的应用紧密相关。在字节跳动，OKR 可以记录员工的工作情况，并向所有人公开，普通员工也可以查看总裁的 OKR。

员工的工作内容与工作目标都是公开、透明的，管理工作进行得非常顺利。而目前对于大多数公司而言，员工的工作内容或工作目标只有自己与领导才清楚，这就隐形地在同事之间竖起了一道屏障。

字节跳动创始人张一鸣希望公司最核心的文化就是透明，这对于职场中的年轻人来说意味着一种期望与归属感，和过去封闭的、信息不对称管理群体的方式大相径庭。据有关调查结果显示，目前高达 85% 的年轻员工都表示希望自己的工作是透明的。

因此，要想实现从控制型文化到赋能型文化的升级，建议企业使用 OKR 管理员工，除了能充分激发员工的潜力和价值，OKR 还有许多其他的好处。

1. 提高员工的参与度

OKR 使工作变得公开、透明，从而增强员工幸福感，提升员工的工作效率与忠诚度，是激励员工最有效的方法之一。不仅如此，OKR 还能有效缓解员工的压力，创造更健康的工作氛围，员工可以在这样的氛围中畅所欲言，提高自身的参与度。

2. 确保方向和行动一致

利用 OKR 进行管理不仅能够让员工明确企业的战略、发展目标、愿景等，还帮助其理解自己在团队中扮演的角色。由这样的员工组成的团队会更积极、主动，协作与决策能力也会更强。如果员工与员工之间、部门与部门之间的关系都是公开、透明的，就可以确保所有人的方向和行动是一致的，从而节省很多沟通的时间，能更高效地解决问题。

正所谓"得人心者得天下"，OKR 会将一些不涉及机密的信息公开，这会使企业的文化与工作更透明，员工更信任并尊重企业，让员工与企业更亲近。企业和员工就像鱼和水一样，二者相辅相成，企业的良好发展与员工的努力是分不开的。因此，建议企业利用 OKR 进行员工管理，形成积极、健康的企业氛围，使企业上下团结一致，最大限度地提升企业的经营效益。

7.2.3 连接业务部门与技术部门

在技术与经济的发展都十分迅速的今天，市场上的产品种类十分丰富，用户拥有极大的选择空间。在这种环境下，企业要想生存，就必须形成自己的竞争优势。文化建设是企业的竞争法宝。企业要想从现代化管理中脱颖而出，就必须从实际情况出发，建立业务部门与技术部门之间的连接，拓展企业的文化边界，打造一个开放协作的环境，为企业的发展提供动力和保障。

随着企业在经济、文化等不同领域的深入发展，员工接触到的信息也更加丰富，他们的思维模式为企业的经营理念、产品开发、战略部署等提供了更深层次的意见与想法。建立业务部门与技术部门之间的连接，形成开放、协作的工作环境成为新时代企业发展的主旋律。

以阳光保险集团为例，业务部门与技术部门的连接帮助它拓展了企业边界、形成了开放协作的管理格局、从一家注册资金 100 万元的小企业进入"2020 年中国最具价值品牌 100 强"的榜单。近年来，为了增加市场占有率，更好地满足用户需求，阳光保险集团加强了业务部门与技术部门之间的合作，积极实施拓展边界的战略，实现了用户洞察、产品创新、风险管控、营销运营等多个环节的数字化管理，取得了不小的成就。

在实现了业务部门与技术部门的连接后，阳光保险集团的机动性得到了显著增强，它可以更好地借鉴先进企业的优势弥补自身的劣势，提高了应对风险的能力和市场竞争力。

如今，全球化的步伐逐渐加快，业务部门与技术部门的连接可以帮助企业从实际情况出发，精准定位企业产品，提升部门间的协作能力，从而进行超前的思考和谋划，预测市场的发展趋势，找准突破点，精准抢占先机。

拓展边界、开放协作是经济发展的趋势，能有效帮助企业形成全面开放的新格局。因此，要紧跟时代的发展步伐，根据时代的发展特点与企业的实际情况，建立业务部门与技术部门的连接，为企业制定开放协作的发展路径。

7.2.4 奈飞如何打造文化

优秀文化氛围不仅可以增强员工的凝聚力，还可以保障各项工作的质量和效率。但是在形成文化的过程中，可能会遇到各种各样的难题，这就需要拿出百分百的信心，将其逐一解决。奈飞就是其中的佼佼者。

奈飞的发展历程颇具传奇色彩，它是"美股四剑客"中最默默无名的一个，其他三剑客分别为 Facebook、亚马逊与谷歌。奈飞因其独特的企业文化成为无数硅谷企业效仿的榜样，《奈飞文化集》累计访问量超过 1500 万次。对于奈飞而言，企业文化是除了企业的业务流程、发展战略之外最核心的内容。在企业文化的帮助下，奈飞打造出具有极强的创新能力与内容生产能力的团队，企业的效益呈指数级发展。其首席人才官帕蒂·麦考德将奈飞的企业文化总结为八大准则，如图 7-4 所示。

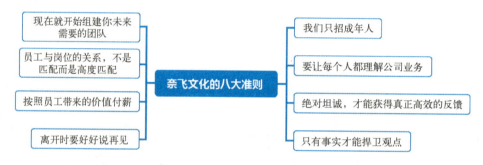

图 7-4　奈飞文化的八大准则

文化的形成不可能一蹴而就，在了解奈飞的企业文化后，将企业文化的打造方法总结为以下 5 个步骤，它们可以帮助企业形成良好的文化氛围。

1）提出文化的理念。将文化理念看作企业发展的旗帜，它将会引领全体员工向正确的方向奋勇前进。一般来说，理念不需要太长，最好是生动、短小的语句，这样可以让员工产生有效的记忆。

2）把文化编制成手册。将文化以手册的方式展现出来，并将其作为员工的行为纲领，以及开展各项工作的基本准则。如今，很多企业都会通过手册将文化传输给员工，通过这种方式加深员工对企业的文化理念、价值观的理解。

3）创办企业内部刊物。为了让员工接受文化，将企业的文化改编成故事，并将其装订成企业的内部刊物，通过这种方式进行传播也会比手册的形式更加生动，可以更好地弘扬企业的价值观和理念。

4）定时举办培训宣讲会与文化活动。只有员工反复学习、企业反复培训，员工才能对企业和文化产生更强烈的认同感。此外，还可以举办各种各样的活动，如演讲赛、辩论赛、文化心得分享会等，将企业的文化传播出去，让员工在潜移默化中受到影响。

5）管理层的示范作用。正所谓"上行下效"，管理层的示范作用是非常重要的，如果管理层能在文化认同方面起到示范作用，员工也会自发地接受企业的文化。

良好的文化氛围可以增强员工的企业认同感，从而增强企业的核心凝聚力。学习奈飞的文化管理方式，借助企业文化助推技术和产品的发展，在激烈的市场竞争中斩获一席之地。

7.3 企业重构办公空间

90后的新生代已经成为劳动力主体，他们对工作的价值和意义有着极致的追求。因此，如果企业能够让他们感受到与线上购物、社交聊天相似的消费级办公体验，就可以显著提升他们办公的效率，形成轻松、和谐的办公氛围。在这种情况下，企业必须尽快完成对办公空间的重构，从而借助数字化的办公空间重新定义新生代员工的工作方式，实现部门间的高效协同。

7.3.1 数字化办公空间的优势

随着互联网技术的快速发展，"低本高效"逐渐成为企业管理的终极目标。传统的办公方式效率很低，各部门间协同工作的效率成本会直接对企业的盈利能力产生影响。为了提升竞争力，许多企业都加强了办公空间的数字化建设，这种数字化办公空间的优势如下。

1. 提升运营、维护等工作的效率

在实现了办公空间的数字化之后，管理、维护等相关工作可以直接在数据中心完成，这将会大幅减少员工的工作量，提升故障排查速度，1个维护人员可以轻松完成以往3个维护人员的工作量，最大限度地降低整体运营成本。

2. 提升办公空间的可移动性

传统的办公空间十分固定，而数字化的办公空间让移动办公成为可能。员工可以在任何有网络的地方进入办公环境，这也将极大地提升员工的工作效率。

3. 提升数据文件的安全性

数字化的办公空间将所有数据存储在数据中心，员工可以利用任意设备进行数据调用，但他们使用的移动终端只作为显示设备存在，不会对任何相关数据进行保存与删改。这样可以保证企业数据不会被违规带出或非法篡改，保障了数据文件的安全。

4. 增强办公文件的数据恢复能力

数据全部存储在云服务器中，能有效避免非法入侵、电路连接不稳定、磁盘损坏等突发事件造成的数据丢失。即使突发事件造成了大量的数据损坏，也可以将数据重新调用，迅速恢复到事件发生前的状态。

数字化的办公空间将会改变人们对传统办公模式的认知，全面推进企业的自动化、智能化、数字化发展。我国政府也为数字化办公空间向金融、零售、城市建设等方向的应用提供了政策支持。时代在进步，数字化会慢慢渗透到人们工作与生活的方方面面，持续为人们的生活提供便利。

7.3.2 打造敏捷的 ICT 基础设施

ICT（Information and Communications Technology，信息与通信技术）基础设施是建设智慧城市的基石，具备信息高度共享、宽带无处不在、业务敏捷灵动这3项基本特征。实际上，这种敏捷的 ICT 基础设施不仅可以用于智慧城市建设，还可以为企业打造创新高效、融合开放、易于管理的"信息通路"。

对中小企业而言，数字化转型的关键在于如何利用数字化的工具，让业务的效率更高、让企业的运营成本更低、让成长速度更快。因此，中小企业更需要一个效率高、门槛低、云端化的数字化基础设施，提高企业的生产力，降低运营成本。以微软 Office 365 为代表的 ICT 基础设施，为中小企业提供了转型良机。

在员工出差时，会通过移动设备协同办公，Office 365 跨越了 Mac、Windows、iOS、Android 等多个平台，形成了一个统一的协同工作平台。在举行会议时，Office 365 可以对屏幕上的图片进行快速转存，并直接提取图片文字，极大地提升了参会人员的办公效率。

不仅如此，Office 365 拥有完善的云平台服务，可以为员工提供企业级电子邮件、在线会议等多种线上服务功能，帮助企业优化现有的审批流程，快速形成数字化的工作模式，加强员工的协同工作能力。这也意味着员工可以在任意的时间、地点，使用任意设备开展工作，全面提升企业的办公效率。

Office 365 还能解决文件传输与存储等问题。例如，在办公过程中，员工可以将文件直接传输到 Office 365 自带的云空间中。这样当储存在本地的文件出现异常时，就可以借助云端备份对文件进行恢复。

此外，企业还可以根据需求订阅 Office 365 的云服务。该服务背后的维护工作将由 Office 365 的团队负责。这样将大幅降低企业进行业务维护的技术难度，节省前期的投入成本与后期的运营成本。

ICT 基础设施的建设是一个庞大的工程，企业应将打造敏捷的 ICT 基础设施作为提升办公效率的主要发展策略，从而全面增加企业的盈利增长点。

7.3.3 引进现代化的沟通与协作工具

随着互联网思维引入各行业，数据已经开始由信息资源转变为生产要素，成为支撑公司发展的重要基础。企业也应该顺应数字经济发展的趋势，引进现代化的沟通与协作工具，推动企业内部的数字化进程。现在比较常用的现代化工具主要包括以下几种。

1. 故事墙

故事墙更适合产品的研发部门使用，通常分为计划、开发、测试、完成 4 部分。产品的每项需求以卡片形式进行展示，卡片的位置越高则代表该需求的优先级越高。通过对产品的需求进行梳理的方式，整个项目的研发进度也变得一目了然。

需求卡片通常分 3 种，并使用不同颜色进行区分。互联网公司中通常用黄色表示功能需求、用蓝色表示技术需求、用红色表示产品 Bug。需求卡片需要包括需求内容、执行者和预计完成时间，如图 7-5 所示。

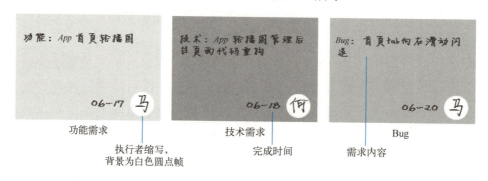

图 7-5　需求卡片示意图

除了开发进度这种一目了然的信息外，也可以通过故事墙了解一些隐性信息。例如，如果计划区的卡片较少，则说明产品的需求数量和更新速度出现问题，需要由产品策划部门进行补充；当某项需求长期未被解决，则说明出现技术瓶颈，需要与相关部门进行沟通，明确需要加大资源投入还是暂时放弃该需求。

2．数据墙

数据墙更适合产品的运营部门使用，它可以将反映产品运营状态的参数进行展示，如日新增、日活跃度等。运营部门也可以根据产品类型或产品所处阶段决定参数类型。

数据墙可以由参数、日期作为核心维度，制成简单的二维数据表，可以绘制折线图表明数据的发展趋势，并绘制出目标量，方便观察目标的完成情况。数据墙可以培养员工关注产品数据的习惯，并增强其数据分析能力。

在运营过程中，也要将新发现的关键参数，在数据墙上进行展示，并补充改版前后这些数据的表现，这样可以帮助企业更好地了解产品的突破点。

3．邮件

因为邮件并不会对对方造成过强的干扰，同时又可以及时送达，所以非常适合用来共享那些大量或需要引起重视的信息，如会议的资料及总结。但邮件的提醒性较弱，因此在发送邮件后，应当通过即时通信工具提醒对方查阅。

在团队作业中，可以为同种类型的邮件设置统一的主题格式。这样，员工就可以快速地实现归类处理，从而加速邮件处理。

4．共享文件夹

共享文件夹适合存放那些占存储空间很大，或者不方便在线上进行修改的文件。前者包括 PSD 原稿、视频工程文件等，后者包括协作完成的 Excel 表格、Word 文档等。

这类文件并不常用，在需要时又很难迅速传输，因此都可以在共享文件夹中进行存档，方便随时取用。值得注意的是，共享文件夹只能在局域网范围内才可以访问。

线下共享工具的位置醒目，且可视化程度较高，但需要专人进行实时维护，同时单次可共享数据较少。线上共享工具则正好相反，共享数据较多，无须专门维护，但其可视化程度不高，而且需要员工主动进行查找。

在实际使用中，可以综合运用这些协作工具，降低数据共享的时间及资源成本，从而推动公司内部的数字化进程，全面提升公司的市场竞争力。

7.3.4 智能终端使办公空间可移动

智能终端的快速发展增强了办公空间的移动性。如今，可以通过云会议、视频直播、工作群组等方式，把线下工作直接转变成可以随时发起的线上工作，大幅提升了团队沟通与协作效率，使员工的工作发生巨大变革。下面以招聘面试为例，对此进行详细说明。

传统的面试方法存在多种弊端，场所的限制使 HR（人力资源；人事）难以对候选人的实力进行准确评估。智能终端的发展弥补了这些缺陷，促进了许多新型面试方法的产生，两种新型的面试方法如图 7-6 所示。

图 7-6 两种新型的面试方法

1. 虚拟现实技术

近几年虚拟现实技术愈演愈烈，劳埃德银行曾经启动了运用虚拟现实技术进行候选人测试的计划。HR通过相关设备对候选人发布任务，然后对其表现进行监测，从而判断候选人的工作能力，决定是否录用。这种方法为候选人的考察提供了更多的可能性，使HR对候选人的评估更加全面、具体，同时让候选人对企业有更深刻的印象。

2. 视频面试

利用视频面试的方法，可以打破传统面试流程中时间与空间的限制，使招聘过程更加高效。在近几年里，使用视频面试的企业越来越多，包括高盛、毕马威、欧莱雅、安永在内的许多知名企业，都会使用HireVue或Sonru进行视频面试，对候选人进行首轮筛选。

当面对大批候选人时，视频面试的方法显然更高效，这种方法将HR的工作场所转移到线上，同时还扩大了企业的人才甄选范围，可以有效促进企业人才库的建立。

社会在发展，员工的办公空间也不再局限于特定区域。很多企业开始"云办公"，这也极大地推动了办公空间的变革。新时代的企业也不应该继续墨守成规，要积极创新，迎合发展潮流，在智能终端的帮助下打造灵活、多元的办公环境。

7.4 出差管理要适应数字化转型

随着经济的高速发展，越来越多的企业认识到了成本管控的重要性。作为最大的可控成本之一，差旅费用的管理问题非常值得企业的关注。许多企业借助数字化转型的浪潮对现有的差旅模式进行了改革，利用"寄存账户"掌握员工的出行数据，通过简化报销流程解决成本控制和效率管理的问题。

7.4.1 通过寄存账户掌握出行数据

为员工设置统一的寄存账户，在这个账户中记录员工的出差流程和出行数据，并将这些数据导入企业的出差管理平台。这样就可以完美地平衡员工出差与企业管理之间的关系，是一个值得尝试的出差管理思路。

寄存账户即企业借助第三方平台为出差的员工设置的支付账户，出差的员工可以利用这个账户集中支付出差费用。它将旅行与金融这两个行业进行了结合，为企业提供了一整套低成本的出差管理方案。

在建立寄存账户后，企业的出差管理效率显著提升，出差成本也得到了有效的控制。先进的数字技术与庞大的数据库使企业的出差管理更透明，显著提升了企业出差管理的效率。同时，这样统一地进行账户管理也降低了企业的差旅成本，进一步缓解了企业的现金流压力。

寄存账户为企业进行谈判议价提供了数据支持。过于分散的数据会对企业制定出差方案产生影响，寄存账户可以将碎片化的数据进行整合，将所有出差的支出整合在同一份账单中。企业可以利用这种数据对各供应商进行比较，有效降低差旅成本。管理人员也可以利用寄存账户清晰地了解每位员工的行程开销、舱位级别等信息。这种公开、透明的出差报告最大限度地降低了企业对现有的出差方案进行优化的难度。

7.4.2 简化员工的报销流程

每一次出差都有很多行程单、酒店发票、车票等报销单据需要财务人员填报与审核，并对每一笔支出的真实性、规范性等问题进行核验，遇到问题票据还需要与业务人员反复进行沟通。这些繁重、琐碎的工作很容易消磨财务人员的工作热情。

许多企业在引入线上的差旅服务商后，服务商会按时向企业发送每月的支出账单，这极大地减轻了财务人员的工作量，但新的问题也接踵而来。支出账单与实际报销单不一致、员工并未按时提交报销凭证等问题也会在一定程度上影响财务人员处理工作的效率。

企业可以在线上差旅服务商的基础上建立差旅管理系统，这个管理系统可以最大限度地简化员工的报销流程，将财务人员从机械的工作中解放出来。大量的报销发票将会被服务商提供的行程单与服务费取代，对账工作将会由系统自动完成，员工将不会直接参与报销工作。这也将规避拖延报账的情况，使财务人员将时间与精力放在更有价值的会计管理等工作上。

在建立差旅管理系统后，企业就可以高效、快速地对员工的差旅数据进行采集、处理与智能计算。差旅管理系统可以对订单、发票、账单等差旅数据进行实时记录，所有数据都可直接调取，从而推进财务部门的管理变革。自动化、无纸化的报销流程可以大幅节约报销时间，帮助企业实现财务工作的一体化管控，显著提升企业的运营效率，进一步推动企业的数字化转型进程。

第 8 章 采购数字化驱动协同共享

随着互联网技术的普及,数字化的行政管理为企业业绩带来了显著的提升效果,但其他部门的低效运营同样会对企业整体的效能产生不良影响。如今,传统的封闭式采购环境难以支持各部门之间的协同发展,落后的管理理念和采购系统使企业产生了巨额的无效支出,企业亟须利用数字化手段实现采购模式的解构与升级。

8.1 数字化是采购 3.0 的基础

在采购 1.0 时代,采购人员具有很大的权力,从原材料的需求、选厂到与供应商的谈判、签约,全部由个人负责,监管不力、侵犯企业利益等恶性事件频繁发生。数字化转型的浪潮改变了这种采购模式,推动了企业向采购 3.0 时代演进。

8.1.1 从采购 1.0 到采购 3.0

数字化的浪潮席卷而来,在巨大的生存压力下,企业只有变得更灵活、更高效,才能在新时代获得更好的生存和发展。因此,供应链管理及许多面向用户的服务型环节都争相开展数字化转型。

采购环节也不例外,许多企业开始部署电子采购系统,引入了云采购工具。企业的采购模式也从 1.0 人治时代逐步向 3.0 共享时代迈进,这个变化其实反映了一个趋势,即 SSC(效率化)提升。下面从成本病、质量波动、波峰波谷 3

方面入手,揭示效率化的本质,如图8-1所示。

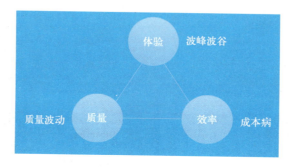

图 8-1 效率化的本质

1)成本病。美国经济学家威廉·J.鲍莫尔(William J. Baumol)首次提出了服务业成本病的概念,并将其简化为汽车生产与艺术表演的思考模型。对于汽车生产行业而言,技术的进步提升了劳动生产的效率,汽车生产需要的工人也随之变少。但对于艺术表演行业而言,300年前的莫扎特四重奏需要4个人表演,300年后依然如此,这意味着劳动生产率的增长出现停滞,艺术表演行业存在成本病。

2)质量波动。在企业的采购管理中,企业的采购需求广泛而多变,不同区域、不同部门存在较大差异。供应商的供货情况也容易受到原料、工艺、天气等多种因素的影响。降低采购工作的质量波动及基础成本也因此成为采购人员的重要任务。

3)波峰波谷。采购工作是按需、实时交付的,提前储备过多库存会导致企业难以应对市场需求的变化,而市场需求存在时差,这会产生具有高弹性的波峰波谷效应。这个效应要求采购人员弹性配置企业资源,这对于采购人员而言是一项不小的挑战。

基于效率化的本质,企业需要借助数字化思维打造新型采购方案,推动采购模式由1.0向3.0发展。在共享时代的数字化采购模式下,采购人员可以通过移动终端实时查看采购部门的支出情况,采购系统也可以对交易数据以及市场情报等信息进行智能分析,帮助采购人员简化采购流程,制定最精准的采购决策。

8.1.2　做数字化采购的 3 个前提

数字化的企业大多都存在结构化的规模，都由大规模计算平台驱动，并通过平台的开发端口建立可持续的商业模式。由于每个行业与数字技术的融合程度不同，在做数字化采购的时候，直接生搬硬套是大忌。企业需要根据自身特点，从局部突破，自下而上地积累成功经验。

优秀的数字化采购管理平台可以轻松实现供应链上下游的无缝衔接，帮助企业整合资源，快速对市场的变化做出响应。下面是采购数字化的 3 个前提。

1. 建立端对端的采购流程

企业采购能力的数字化需要以卓越的、端对端的业务流程为基础。企业可以通过集成内部信息系统的方式，提升采购管理与供应商管理的透明度，从而突破行业和地域的限制，提升采购变革的战略价值。

2. 实现采购数据共享

精准、海量的数据是建立数字化采购系统的基础。但与供应商、用户实现数据共享是一件复杂、烦琐的工作。在开始阶段，企业或许无法与所有供应商、用户实现数据共享，但可以有序地推进数据共享系统的建设。将战略供应商与战略用户作为切入点，搭建数据共享平台的框架，再以点带线，以线带面，建立完善的数据共享平台。

3. 数字化的技术手段

在多种数字技术的基础上建立的数字化采购系统可以帮助企业将供应链中的各个环节进行连接，最终实现真正的数据互联。5G 技术的广泛应用也为信息传输带来跨时代的变革，极大地提升了采购工作的管理效率。这些数字化的技术手段使供应链中的每个环节都能融入数字化系统，充分发挥数字化的价值。

如何在建立规模效应的同时提升企业的灵活性，更好地应对快速变化的市场需求，是数字经济时代企业面临的重大挑战。企业需要在数字化转型的过程中同步对管理模式进行升级，构建稳定、敏捷的组织生态，扩充并整合企业的采购管理能力。

数字化浪潮席卷而来，传统的采购业务也不可避免地受到了影响。数字技术将助力企业充分发挥采购业务的价值，开拓采购业务数字化发展的新空间。

8.1.3 实现数字化采购的 5 个要点

企业在生产、销售、售后等各项业务流程中引入了不少数字化工具，希望可以通过这种方式使业务变得更灵活、更高效，在全新的数据时代获得更好的生存与发展。

采购部门也不例外。在数字化采购模式下，采购人员可以通过移动设备实时查看产品及原材料的支出情况。同时，采购系统也能为采购人员提供更全面的视野，优化采购决策，提升采购效率。以下 5 个要点可以帮助企业轻松、高效地构建数字化采购系统。

1．数据

通常情况下，采购部门只需要对产品原料、机械设备等生产资料的支出情况进行收集与整理，诸如供应商的库存情况、市场的波动情况等流程相关数据并未得到重视，也因此难以做出最优的商业决策。

数字化采购系统的构建要求企业扩大数据的收集范围，与采购活动相关的其他数据同样值得收集。例如，在了解市场价格的波动情况后，就可以计算出企业的资产成本及价格杠杆，这些数据可以使企业的采购决策更合理、更低价。

2．技术

数据是实现数字化采购的前提，人工智能、数据分析等先进技术则是数字化采购的原动力。在这些技术与企业的业务进行有机结合后，便可以更好地实现业务流程的自动化、智能化，从而全面提升数据的处理效率，实现采购决策的优化。

3．使用体验

采购人员是数字化采购系统的直接使用者，使用的人数越多，系统便能收集到越多的数据，后续的采购效率也就越高。因此，企业需要对采购系统进行全方位的优化，提升采购人员的使用体验。企业可以将采购系统做成门户网站的形式，复杂的计算过程在后台完成，结果则简单、清晰地展现在前台，以便采购人员进行决策。

4．专业团队

数字化采购系统的构建需要专业的技术团队。这个团队中至少需要包括 4 种领域的专家，即构建数据模型的数据专家、判断数据关联性的采购专家、熟悉技术及软件的 IT 专家和能够提升使用体验的设计专家。

只有这样，数字化采购系统才能从数字化的全局视角出发，对整个采购活动进行系统、整体的规划，从而实现采购决策的最优化，采购效益的最大化。

5．运作模式

数字化采购系统提升了采购人员的数据获取效率，为其与供应商建立了全新的合作方式。企业也应该对原有的制度及流程进行梳理，对采购部门的运作模式进行调整，让采购人员可以充分利用数字化采购系统中的各项功能。

在掌握上述要点后，便可以根据采购部门的实际情况为其构建更灵活、更高效的数字化采购系统。

8.2 数字化时代的新型采购

在过去，企业在采购时需要经历询价、招标、谈判、审批等众多繁杂的流程，这种采购模式的效率十分低下，很难支撑数字时代快节奏的业务需求。在物联网、人工智能等多种数字技术的影响下，企业的采购模式发生了变化，供应关系的管理也成为影响企业核心竞争力的关键。

共享采购促进了资源的社会化交换，集中采购进一步细分了采购职能，这些数字化的新型采购模式显著提升了企业的采购效率，实现了降本增效的正向演进，让企业释放了更强的商业价值。

8.2.1 共享采购促进资源的社会化交换

在供应链管理系统的协助下，企业与供应商协同采购的效率得到了显著提升。但这种封闭性较强的线性管理体系十分容易形成大型数据孤岛，在缺乏信息交流的情况下，企业的风险抵御能力与谈判议价能力都会受到一定程度的削弱。

全球原料价格的上升进一步增加了经济环境的不确定性，企业亟须摆脱旧有模式，增强采购风险的防控意识，提升采购工作的集约化程度，建立共享型采购系统。

互联网天然具有共享的属性，这使它可以更快地接入全球性的资源和服务，并借助第三方采购平台进行集中采购，从而快速形成规模经济。互联网将线上的信息与线下的采购过程进行有机结合，从而以最低的成本创造最大的价值。这种实时、多元的协同采购模式将替代传统的线性、封闭的采购模式，推动资源的社会化交换。

同时，随着新一代数字技术的广泛应用，企业的采购模式也从面向供应链的电子采购转变为面向社会的互联网采购。共享也成为新型采购模式的重要特征，它将采购以更专业的形式展现出来，极大地提升了采购工作的效率和质量，帮助企业更好、更快地创新业务模式，降低企业的运营风险。

这种共享可以是企业内各部门间的共享，也可以是企业间的共享，它实现了采购业务的再分工，使企业可以用最低的成本获取最佳的采购服务。如今，越来越多的企业借助共享采购模式实现了采购业务的数字化转型，向社会化的智慧采购新生态迈进。

8.2.2　集中采购将职能进一步细分

在实际工作中，有不少人把集中采购视为企业统一进行的采购活动，这其实是一种片面的、不科学的理解。这种"集中采购"模式很难提高财政资金使用效率，采购人员也无法充分行使相关权利。实际上，正确的集中采购模式可以帮助企业进一步细分采购职能，显著降低采购成本，其主要体现在以下3个方面。

1．财政预算的安排

财政部门需要对各部门中类似的采购项目进行集中安排，从而有效扩大企业的采购规模，提升采购工作的效率，实现采购资金使用率的最大化。

2．采购项目的批次

采购人员对于相关项目的采购应该尽可能减少采购次数，应将相互关联的采购项目进行整合，减少分批次采购。财政部门安排的采购项目，更要不折不扣地按照预算要求进行。

3. 原材料的验收

采购部门应成立专家验收小组，对采购的产品进行集中验收后，再交付给各部门。这样可以减少采购人员的验收工作量，节约需要的人力及财力资源。同时，集中验收也会在一定程度上加强验收人员对原材料的质量管控力度。

采购是一项复杂的工作，企业必须建立健全的采购制度，严格按照法律法规以及有关规定开展采购业务。集中采购进一步细分了企业的采购职能，有利于企业建立标准化、流程化的采购模式与监管机制，获得实力更强的供应商。

8.2.3 某企业的采购共享方案

某企业通过采购共享平台制定了一套完善的采购方案。该方案分别针对前端的用户、中端的采购部门和后端的供应商打造了3个闭环，可以针对其中的任意环节进行信息共享与业务协作。同时，还将第三方资讯平台引入前端，并通过这种方式实现对后端的管理支出。企业的采购方案示意图如图8-2所示。

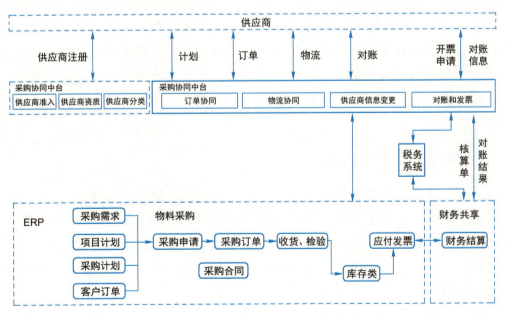

图 8-2 某企业的采购方案示意图

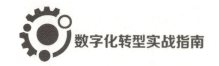

这家企业设置在后端的两个 ERP 系统累计涵盖 100 余位法人。ERP 是企业资源计划的英文简称，即以信息技术为基础，以供应链管理为核心的管理平台。ERP 系统通常以供应链为基点，实现企业资源及运作模式的优化，从而有效改善企业现有的业务流程，显著提升企业的综合实力。

当然，这份采购共享方案中还存在许多不足之处。两个 ERP 系统中使用的订单模式、申请流程、发票结构等均存在较大差别，使得订单匹配工作需要同时在两个系统中进行，为财务部门增添了许多工作量。

除此之外，不难发现这两个 ERP 系统并没有与采购协同中台进行直接链接，这意味着在使用过程中这两个系统并没有受到监控，不利于对数据进行系统管理。企业可以在 ERP 系统之上、供应商之下建立一个供应商协同中台，从而实现与采购协同平台的连通。这样就可以确保交易信息的实时更新，财务部门也可以减轻工作量，更好地实现与供应商的对接。

8.3　数字化贯穿采购流程

数字技术的迅猛发展，不仅改变了人们的生活方式，还改变了企业的战略方向，包括采购环节在内的众多企业业务都面临着严峻的转型挑战。如今，数字化技术帮助企业重新定位了采购功能，做出了更精准的采购决策，更好地控制了采购风险。它几乎贯穿了整个采购流程，这也为传统型企业带来了巨大的市场机会。

8.3.1　重新定位采购功能

如今，世界经济正在发生重大变革，供应链的互联程度加深的同时，其稳定性急剧降低。供应链越来越复杂和动荡，需要面对的风险也越来越大。采购环节是提升企业组织效率的重要发力点。在这种情况下，企业亟须增强采购环节的适应能力，并重新定位采购功能，调整现有的运作模式，提升采购环节的市场响应能力。

某家电子制造厂商在对采购功能进行重新定位、对采购环节的关键流程进行重新设计后，信息传输能力得到了显著提升，运营绩效也超过 7000 万美元。

第8章 采购数字化驱动协同共享

在这之后,该企业专门成立了 15 人的核心团队,大范围推广采购的自动化流程,如图 8-3 所示。

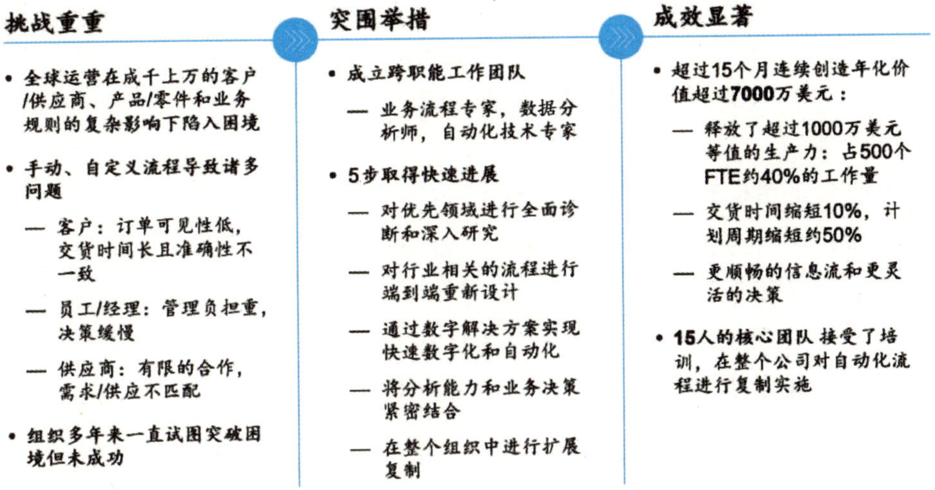

挑战重重	突围举措	成效显著
• 全球运营在成千上万的客户/供应商、产品/零件和业务规则的复杂影响下陷入困境 • 手动、自定义流程导致诸多问题 — 客户:订单可见性低,交货时间长且准确性不一致 — 员工/经理:管理负担重,决策缓慢 — 供应商:有限的合作,需求/供应不匹配 • 组织多年来一直试图突破困境但未成功	• 成立跨职能工作团队 — 业务流程专家,数据分析师,自动化技术专家 • 5 步取得快速进展 — 对优先领域进行全面诊断和深入研究 — 对行业相关的流程进行端到端重新设计 — 通过数字解决方案实现快速数字化和自动化 — 将分析能力和业务决策紧密结合 — 在整个组织中进行扩展复制	• 超过15个月连续创造年化价值超过7000万美元: — 释放了超过1000万美元等值的生产力:占500个FTE约40%的工作量 — 交货时间缩短10%,计划周期缩短约50% — 更顺畅的信息流和更灵活的决策 • 15人的核心团队接受了培训,在整个公司对自动化流程进行复制实施

图 8-3 企业推广采购的自动化流程

传感器系统能够从各种设备中收集用户数据,并将其转化为风险监控的相关信息,从而延长耗材类设备的生命周期,降低企业的运营成本。某轮胎制造企业在轮胎中安装了传感器,并借助监控平台分析使用数据确定产品的最佳改进方案。这显著降低了企业的采购成本与团队的维护成本,提升了产品的安全性。

决策层对于采购职能的再定义,将充分调动企业资源,促进有效资源的整合,帮助企业建立明确的生产力增长目标,打破部门间的信息壁垒,促进各部门的深度融合。与战略、运营等多部门建立合作关系也可以帮助采购部门挖掘新的竞争优势,从而更好地为企业的生产、经营等环节提供支撑作用。生产、经营环节的表现数据也将反过来对企业采购进程的优化起到促进作用。

如今,面对变化莫测的资本市场,企业应该积极响应新趋势,创新商业模式、重新定义采购功能也将有效促进企业各项业务的深度融合。

8.3.2 收集数据,做精准的采购决策

随着互联网技术的发展与移动设备的普及,大量的用户数据被存储下来,可以利用这些数据制定更精准的决策。如今,越来越多的企业选择建立大数据团队收集用户的行为数据,并将收集到的数据作为制定战略决策的依据,寻找产品的创新路径。

数据收集是实现数据驱动战略最重要的步骤之一。对于零售行业而言,几乎所有门店都会实时向系统发送库存数据。这不仅是因为未能及时补货会降低企业的交易额,更是因为产品的长期积存会增加库存的周转时间,降低供应的效率。

传统的零售企业在线下门店的数字化转型方面投入的资源比例不大,这使得门店只能根据从业经验预测产品需求。这种预测方式的不确定性过高,很容易造成冷门产品库存积压、热销产品断货等问题。大数据技术的发展为这些门店的经营决策提供了理论依据,极大地提升了采购决策的精准度。

在收集充足的数据后,采购系统就可以根据库存状况智能生成采购方案,还可以对未来的需求进行精准预测。采购系统计算时输入数据主要来自系统参数,如库存情况、物流周期、产品规格等。此外,产品的大小、规格等基础信息也会对采购方案的生成产生影响。

采购系统的数字化程度越高,就意味着决策越精准,这也对采购的参数和逻辑提出了新的要求。采购方案需要以供应链的库存管理理论为基础开展,企业在正式投入使用前还需要先对系统逻辑和采购方案进行验证。

在海量数据的支持下,企业的采购决策势必更精准,最终成为企业的一把数字化利剑。

8.3.3 用 FMEA 控制采购风险

FMEA 是一种常用的统计分析工具,它可以对采购、生产、交付等各阶段存在的风险进行分析,从而帮助企业将这些风险的影响降到最低。FMEA 最早由美国国家航空航天局提出,目前被广泛应用于各类工程领域,成为无数企业进行质量管理的必备工具。许多制造厂商都会借助它对产品的设计和生产过程进行监管。

利用 FMEA 对采购风险进行有效控制，实际上是在强调企业需要对采购风险采取预防措施，在风险发生前就制定好相应的管理方案。这也意味着企业需要提前考虑好可能产生的问题、产生问题的原因以及相应的后果，提前制定管理预案。

FMEA 开始于产品设计和制造过程之前，并贯穿产品的整个生命周期。FMEA 能够对采购流程中各环节可能产生的故障按照严重程度、维护难度、发生频次等问题进行分类归纳，使采购风险管理从"救火式"向"预防式"转变。FMEA 可以帮助企业对可能出现的采购问题进行预判，从而有效规避风险，转危为机。

第 9 章 财务数字化助力财税创新

财务数字化可以帮助企业适应财务资源生态圈的建设要求。在实现财务数字化的过程中，需要明确财务数据的价值，完善原有的财税管理制度，建设数字化的财税信息管理平台。并用它承载企业全业务、全流程的财税管理工作，从而降低企业的运营成本，提升企业的运作效率，实现企业财税工作的创新发展。

9.1 走向数字化的财务

互联网技术的快速发展，使企业的运营方式发生了转变，企业的财务管理方式也逐渐走向数字化。但许多企业尚未认识到财务数字化的必要性，也因此错失了数字化转型的先机。企业实施财务数字化有何必然性，财务数字化转型有何难点，应该如何做好财务的数字化转型，都是本节将要重点讲述的内容。

9.1.1 财务实施数字化转型的必然性

当企业将流水线作业的模式引入财务工作中后，原本分散、琐碎的财务管理工作便可以进行集中处理，这极大地提升了财务人员的工作效率，降低了企业的运营成本。不仅如此，这种工作模式还为财务人员的工作环境、工作方式带来了极大的改变。

但这种改变并未触及财务工作的核心流程，并没有从根本上改变传统的财务管理模式，其本身还存在较大的局限性。

首先，传统财务模式中财务与交易都是独立存在的，这就导致财务工作中出现了大量且不必要的环节。例如，许多企业都需要提前申请项目预算，但项目的预算申请过程与实际交易过程相互独立。在交易完成后，许多在审批环节已经处理过的工作需要再次处理，这也会增加人工成本，降低工作效率。

其次，在实现财务共享前，企业内部的财务活动通常需要通过发票计入账单。这就使得财务处理明显落后于业务活动，财务信息缺乏时效性，无法及时向管理人员反馈市场环境的变化，管理人员也因此无法及时做出决策。

最后，财务信息的支撑体系同样存在问题。传统财务模式以制度为导向，将发票作为内容主体，这就会导致财务信息并不能体现企业的实际业务，由此出现片面、失真等问题，无法满足企业业务管理需求。

传统的财务管理模式不仅流程烦琐、办公效率低下，还会严重阻碍管理人员决策的制定。企业的经营价值最终会体现在财务上，这种财务管理模式也会对企业的发展造成巨大的损失。相较于其他部门，财务部门实现数字化转型的速度更快，效果也更明显，这也是大多数企业优先进行财务数字化的原因。不仅如此，财务部门掌握着企业发展的资金命脉，会在很大程度上对企业的战略决策产生影响。实现财务数字化可以将财务人员的工作重心从重复的机械工作转移到企业的战略决策中，为企业实现全面数字化转型提供战略及经济支持。

企业的数字化转型刻不容缓，也更应该把握机遇，利用财务部门推动整个企业的数字化进程，让企业更好地适应全球经济的变化，促进企业的高速发展。

9.1.2 财务的数字化转型有何难点

财务的数字化转型十分重要，想要实现它却并非易事。企业在进行财务数字化的过程中，通常会受到以下几个问题的困扰。

1. 财务管理模式不规范

财务部门的许多基础业务流程，如报表核算、成本控制等，都处于无人监管的尴尬境地。与此同时，由于财务的操作风险较大，传统的人工核算方式需

要花费大量的运营成本，无法应对激烈的市场竞争，更无法为企业的战略决策提供支撑作用。

这种财务管理模式不仅缺乏对企业财务的整体规划，更缺乏对财务流程及财务人员的制度约束，最终也会影响企业的经营状况，对企业的数字化转型起到阻碍作用。

2. 财务部门的运营效率较低

实际上，国内很多企业并未对财务部门予以重视，它们只将财务部门看作承担了核算报表、与税务机构联络等辅助性事务的部门。同时，很多企业没有实行责任人制度，财务部门与行政部门也没有完全分开，这些都会对财务活动的正常进行产生影响。

这种分散的财务管理模式使财务部门的各项业务出现巨大的割裂，最终成为后勤支持部门，不仅无法系统地进行管理，还严重影响到企业的财务决策效率，阻碍了产业链上下游的资源整合。

3. 财务部门的信息化程度不高

在实际操作中，财务部门的大部分工作都由人工操作，许多财务人员不能熟练使用财务系统，也不能很好地接受信息化的作业方式，这也增加了财务部门形成信息生态的难度。同时，大多数管理系统的构建都是以部门为单位进行的，因此，财务人员需要处理的信息也通常以部门为单位，这也极大地增加了财务人员的工作量。

除了上述的共同点外，大型企业众多的子公司及产业链加大了其财务数字化的难度。中小型企业没有强大的资金支撑，实现财务数字化也十分困难。在这种情况下，企业应该想办法应对这些难点，尽自己所能，做好财务的数字化转型。

9.1.3 如何做好财务的数字化转型

规范的财务管理有助于企业的生存与发展，是实现数字化转型的前提。在对企业的财务流程进行规范化管理后，便可以更清晰地了解企业的财政情况，从而有效提高经费使用效率，提升财务综合管理水平。

与此同时，财务管理不规范也是阻碍企业数字化进程的重要因素，企业可以通过以下方式实现财务规范化，以此促进财务的数字化转型。

1．经费管理科学化

没有严格的经费管理办法，就无法对企业财税实现严格的管控。因此规范的财税一定要建立在真实的资金流动的基础上，并交由不同部门进行审核，同时保留相应的审核记录。

企业的各项支出都需要由财务部门全方位评估，严格控制预算金额。在获得审批之后，由财务部门根据资金情况下达支出计划。此外，企业还可以建立奖惩制度或考核制度，进一步提高经费的使用率。

2．费用管理制度化

想要实现规范管理，首先需要为相关人员制定经费管理制度。无论是票据、支付凭证，还是交易文件等材料，都需要制定完善的管理及审核制度，以此规范财务部门的工作流程。例如，要想建立完善的票据管理制度，就必须严格按照票据的使用环节建立管理账簿，将所有票据进行分类入账，及时记录并由经手人签字确认。

突发性支出则需要由财务部门和业务部门共同监督，将行政手段和经济手段相结合，通过行政制度严格控制经费支出，实现经济效益的最大化。

3．业务建设规范化

除了建立费用管理制度，还需要按照业务类别细化规章制度。例如，严格落实凭证登记制度，保证各项凭证及时、准确地入账；完善财税资料管理制度，将各类资料分类摆放、定期整理；加强电算化管理制度，保证计算方法科学、快速。

在有了规范化的财务后，便可以使用互联网技术，构建完善的财务共享平台及数字化运作机制，进而实现企业的财务数字化。

实现财务数字化前，企业应充分利用财务数据，搭建与产业结构相适应的财务共享平台，并在其中加入数据管理及财务分析等功能。同时引进或培养数

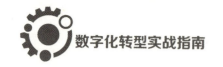

据架构师、分析师，提升财务数据的应用价值，充分发挥财务数据的决策作用。

除此之外，企业还应该结合自身实际，并将财务部门的监管体系植入管理系统中，从而优化财务部门的组织生态，更好地满足企业需求。

缺乏数字化能力的企业，将在如今的互联网时代寸步难行。财务数字化也可以帮助企业实现财务数据的智能化应用，形成可循环的财务生态，最大限度地增强企业核心竞争力。

9.2 数字化财务的核心是共享

财务共享平台可以帮助企业重构业务流程、降低运营成本、提高员工的工作效率以及企业的管控能力，因此许多人都将共享视为数字化财务的核心。财务共享平台不仅可以为企业实现财务的数字化转型提供数据、组织与技术等多方面的支持，还可以消除空间与时间的限制，降低财务人员的沟通成本，进一步发挥财务工作的职能，解决企业一些现有的财务问题。

9.2.1 财务共享的发展趋势

数字技术的发展推动了共享生态的发展，同样推动了企业的财务共享。随着新型数据技术与共享模式的深入融合，财务共享模式的发展趋势也日益明朗，下面将其总结为以下几点。

（1）流程柔性化

目前，各企业仅支持标准化、规范化的财务工作，主要解决用户的共性需求。随着数字技术的进一步发展，财务共享模式兴起，企业财务工作的灵活性和可扩展性逐渐增强，工作流程也逐渐柔性化，能够有效解决用户的个性需求。与此同时，自动化技术趋于成熟，共享流程也会逐渐向自动化的方向发展，显著提升财务部门的工作效率。

（2）职位虚拟化

财务工作的复杂性较高，不可能完全交由机器控制，但在互联网技术迅猛发展的影响下，企业的财务工作开始从传统的集中办公模式向虚拟办公模式转变。如今，财务人员可以在不同城市协同办公，也可以在交通工具上进行移动办公。这也是职位虚拟化的一种体现，将会在一定程度上对财务部门的管理方式产生影响。

（3）边界模糊化

如今，许多企业选择将非核心工作整体或部分外包给其他组织完成。这将直接模糊财务共享模式的组织边界，增大企业财务部门的管理难度，企业也将面临更高的财务数据泄露风险。

（4）平台云端化

在某种意义上，财务共享模式可以被视为将企业的财务工作交由专业人员管理。但许多企业的财务系统与业务系统融合程度较高，贸然将财务工作交由他人反而会阻碍企业的发展。在企业将管理系统迁移到云端后，就可以借助云平台实现财务与业务信息的无伤害分离，平台云端化也因此成为财务共享模式的发展趋势。

（5）服务一体化

企业数字化程度的加深，使财务共享模式与其他共享模式的融合趋势越来越明显。预算分析、税收筹划、资金管理等高价值的工作也逐渐成为财务工作的一部分，同样推动了多种共享模式一体化的发展。

数字化技术在财务领域的应用日益广泛，财务共享模式也因此备受重视。企业也应该加强对财务共享模式的研究力度，促进财务共享模式的发展，提升企业的财务管理效率。

9.2.2 打造财务共享平台

财务共享平台是传统财务系统的转型成果，在数字技术的支撑下，它将共享从传统的记账、算账延伸到了企业的业务端，实现了企业业务的数字化，并对企业原有的财务模式进行了变革。

这种财务共享平台以传统的财务共享模式为基础，并在其中加入了总账管理、预算执行等核心模块，如图9-1所示。

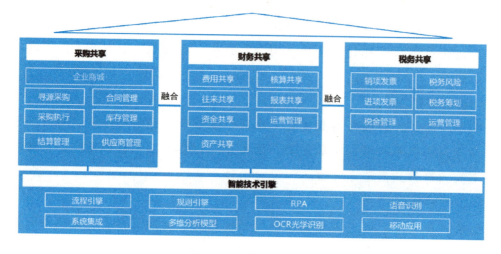

图 9-1　财务共享平台

在电商平台的支持下，这种一体化的财务共享平台将企业的财务数据与业务数据进行了融合，实现了产品原料、办公用品等资源的在线采购。同时，它还借助税务平台和 OCR 光学识别技术，将财务数据与税务数据进行链接，改变了企业不同部门间互不关联的税务管理模式，实现了企业税务信息的一体化管控。

此外，财务共享平台还借助机器学习、自然语音处理、规则引擎等人工智能技术，实现会计核算流程的自动化，大幅提升会计处理的效率。

这种财务共享平台借助智能技术实现了财务的自动核算，极大地提升了财务人员的工作效率，从深层次上变革了传统的财务模式。企业在打造财务共享平台的过程中还要注意以下几个要点。

1. 流程设计

流程设计是财务共享平台成功运行的前提。流程设计的重要性是不言而喻的，但在实际过程中往往会因为各种原因出现纰漏。例如，某企业的财务共享平台将不同的业务模块分批次地进行调试，在上线前夕才发现没有设置现金支付渠道。这就是典型的前期调研不充分，使财务共享平台没有覆盖全部业务流程。因此，企业需要专门设置流程设计团队，负责新业务的流程设计与测试，并持续对平台进行优化。

2. 平台衔接

与其他平台的衔接情况直接决定了财务共享平台的运作效率。财务共享平台将会集成多套财务系统，为其他业务部门提供统一的处理平台，这些衔接点会对财务共享平台的运作效率产生直接影响。如果财务共享平台能将这些系统进行高效连接，就可以提升整个业务流程的工作效率，减少共享平台的整体工作量；反之亦然。

因此，在明确财务共享平台的整体业务流程后，就应该考虑平台的整体架构，确认各系统之间的链接方式与信息传递模式，提升共享平台的运行顺畅度。

3. 数字技术

数字技术是实现财务共享的基础。随着数字技术的发展，机器学习、嵌入式分析、OCR识别等技术使财务系统越来越智能。如今，在人工智能技术的支持下，财务系统的人机互动能力直线上升。财务系统可以直接接收管理人员的语音指令，并在后台将其转换为计算机语言，回应管理人员的需求。

财务共享平台将重复性较强的财务工作进行结构化处理，并由共享平台独立完成，将财务人员从繁重的机械工作中解放出来。财务共享平台可以对业务数据进行记录与传输，并为各部门提供可视化的财务分析报告，让数据为财务赋能。

9.2.3 现代化的财务模型

优质的财务模型就如同一个魔方，各模块相互独立，又相互关联。但从 0 开始创建一个财务模型很容易陷入闭门造车的窘境。不妨从优秀的财务模型中借鉴经验，并结合企业自身的财务情况进行调整，搭建出独一无二的财务模型。

优秀的财务模型通常包含 4 项基本内容，如图 9-2 所示。

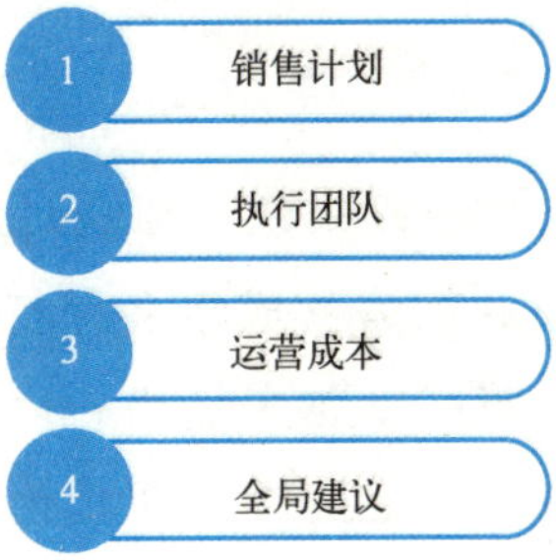

1. 销售计划
2. 执行团队
3. 运营成本
4. 全局建议

图 9-2 财务模型 4 项内容

1. 销售计划

销售计划是最基础的部分，也是最值得关注的部分。一个优秀的销售计划有明确的驱动指标，能够快速提高销售业绩。

企业也可以用销售漏斗的形式进行展示，即将销售情况简单地分为推广获客、用户试用、用户购买、用户复购4个部分。在对这4个部分进行分析后，就可以找出阻碍用户留存的因素。

销售漏斗的顶端是推广获客，可以将推广获客的渠道展示出来，并给出其他值得尝试的获客方式。推广获客与用户试用这一区间内，存在多种用户行为，如用户动机选择、用户注册、用户资料填写等。如果用户满意产品的试用效果就会产生购买行为，这也将直接决定项目的盈利水平。如果用户能够对产品产生较强的依赖性，产品的复购率就会得到显著提升。

这种销售漏斗模型可以帮助企业明确项目的盈利点和潜在增长点，借助这个模型优化营收数据，可有效控制用户的流失率。

2．执行团队

确定销售计划后，就进入组建执行团队的阶段。团队成员通常分为这几类：负责拓展市场、扩大用户群及其他销售相关任务的市场与销售人员；负责解决用户问题，培养与企业建立联系的服务人员；负责产品的创造、升级与维护的产品开发人员以及负责行政管理工作的行政人员。

服务人员是保持用户群稳定的关键，他们能够持续扩大用户对产品的需求度。产品是赚取利润的根本因素，产品开发人员也因此需要保持一定的稳定性。值得注意的是，员工的基础薪资、分红以及薪资增长情况都应该分别体现在财务模型中。此外，还需要将员工的相关费用清晰地体现出来，如办公用品、免费零食等。

3．运营成本

一般来说，那些与利润增长无关的硬性成本越少越好。在企业规模较小时，项目的运营成本会保持在一个相对较低的水平。随着企业规模的扩大，项目的运营成本越来越高。运营成本主要分为固定型、阶段型、可变型3种。

固定型成本即无论项目的发展情况如何，项目的运营成本都是不变的。固定型成本所占比重非常少，例如，企业的生产区域使用超过了十年，这片生产区域的租金就可以看作固定型成本。

阶段型成本即项目的运营成本呈阶段式上升。假设某企业要达到每月生产一万件产品的目标，需要 10 台机器和 10 名操作人员，那么要想在某月生产一万一千件产品，该企业需要 11 台机器和 11 名操作人员。

可变型成本即项目的运营成本随某些因素的变化而变化。例如，某些产品的加工费会受营业额和产品数量的影响，当这两项数据发生变化时，产品的加工费也会随之变化。

4. 全局建议

在构建好基础的财务模型后，还要从全局的角度出发，针对这些问题进行调整。例如，财务模型中的哪些点可以优化，哪些点可以删除，是否缺失关键步骤，是否存在不适用的场景，使用中有哪些注意事项等。

为了清晰、便捷地预测项目的发展情况，可以将模型中有关联的部分进行连接，并利用不同颜色或不同字体进行标记。同时，还需要将资金的使用规划及实际使用情况清晰地展示出来，这样有利于大家了解项目的综合利润情况。

建立一个良好的财务模型不是一件简单的事，必然要花些时间和精力，把这其中的问题想透彻，从利润到开销两大方面都要有充足的思考。

财务模型的建立不可能一蹴而就，但无论模型中存在多大的局限或者缺陷，它都可以帮助企业清晰地认识到企业内部存在的财务问题。当将其中的问题分析透彻后，就可以最大限度地增强企业的盈利能力。

9.3 数字化转型之税务变革

数字技术同样催生了企业的税务变革。无纸化的入账流程、税务共享服务中心、数字化的税金管理模式以及 OCR（Optical Character Recognition，光学字符识别）扫描技术最大限度地简化了监管机构的监管方式，提高了企业进行违规操作的风险，提升了企业税务管理的透明度，使企业的运营状态更合法、合规。

9.3.1 无纸化的入账流程

2020年3月23日，我国财政部与国家档案局联合发布《关于规范电子会计凭证报销入账归档的通知》。这意味着从2020年3月31日起，企业的税务凭证可以仅留存电子版，不再强制要求保留纸质单据。这项政策的出台极大地推动了电子税务凭证的使用，进一步促进了企业税务流程的无纸化发展，为数字经济的发展提供了政策支持。

纸质票据在进行采集、整理、存档、查询等过程中均存在管理难题。在材料采集的过程中，纸质票据的打印、查验工作费时费力，税务人员也很难从中提取结构化数据，这使得税务系统中的资金录入与实际业务活动出现割裂。

在材料整理的过程中，诸如发票、收据、报表等纸质材料均需人工进行打印、整理、装订、归档等。这种高重复度的工作需要耗费极长的时间，还容易出现错误，消磨税务人员的工作热情。

纸质材料存档保存不仅需要占用大量的办公空间，还需要委派专门的档案管理人员进行管理。同时，纸质材料在环境、时间、保存方式等因素的影响下，容易出现不同程度的损毁，也容易在企业的搬迁过程中丢失。纸质材料的查询过程也会遇到许多问题。由于纸质材料与实际的业务活动是分散的，税务人员需要翻阅多本档案或登录多个系统，这极大地增加了税务人员的审阅工作量。同时，实物档案无法实现多人同时查阅，税务人员无法精准掌握实物档案的借阅状态。档案外借还存在安全隐患，这些都在一定程度上增加了材料的统计难度。

数字时代，企业的税务档案必将出现大规模增长，纸质材料的管理存在过多难题，传统的管理方式亟须变革。税务档案电子化、入账流程无纸化，已经成为企业实现财税数字化转型的必然要求。

如今，税务人员可以通过拍照、扫码、上传等方式手动添加发票；税务系统自动对增值税发票进行识别，自动连接税务网站对发票进行校验。同时，税务系统还可以提取发票关键信息，如税号、单位等。在实现自动入账的同时，还可以加深企业业务活动与税务支出之间的联系。

无纸化的入账流程有效降低了企业税务管理的成本，提升了税务人员的工作效率，进一步保障了税务数据的安全，提升了税务数据的利用率，为企业实现税务数字化提供了有力的支撑。

9.3.2 数字化时代的税金管理

数字化时代推动了技术创新的浪潮，催生出大数据、人工智能、云计算、物联网、区块链等一系列先进的互联网技术。在这些互联网技术的推动下，企业的管理模式发生了巨大的变化，税金管理的措施也发生了相应的变革。

1. 综合配置引擎

企业在进行税务核算时，应该充分考虑纳税的主体、税目、税种、税率等问题，除了满足法人的申报条件之外，还要满足各项业务的申报流程。因此，在进行税金管理时，企业可以将税务计算及申报流程模板化，从而形成综合配置引擎，更好地适应各类税种、税率、抵扣规则、申报格式等管理要求。

2. 管理要求细化

企业的税金管理需要实现对所有业务线的全覆盖，并对税种、税率、纳税主体、需求差异等问题进行进一步细化。其中，关于税金的指标、规则、法规的问题需要重点关注，并进行基础配置工作。此外，企业还需要实现在信息、流程等方面的共享，从而建立完善的企业税务管理平台。

3. 统计分析数字化

企业进行税金管理的内容包括税金计算和税金支付等形成的完整税务链条。在此基础上，企业还需要根据发展目标建立不同的分析模型，对税务情况进行智能化分析，并给出相应的分析报告。

税务统计报表可以帮助企业多维度、全方位地对税务信息进行追踪，形成区域层面和集团层面的税务统计报告。不仅如此，各维度的税务统计报告还可以逐级钻取，直至查询到最基础的数据组成。数字时代的税金管理模式可以显著提升企业对市场与用户的影响力，提升企业的营业收入、盈利能力与市场估值，进一步推动企业的数字化转型进程。

9.3.3 OCR 扫描与电子发票

OCR 是光学字符识别技术的英文简称，常用于进行图像及文字的识别工作。其处理流程与大多数图像识别算法一致，如图 9-3 所示。

图 9-3　OCR 技术的处理流程

图像预处理即通过灰度、倾斜校正等方式消除所需文本在经过拍照或扫描后出现的形变问题，提升识别结果的准确度。文字检测即确定文字所在区域，是文本识别的前提，在截图、扫描件等简单背景和海报、说明书等复杂背景下的检测方式不同，使用的算法也存在差异。文字识别是 OCR 技术的核心功能，即提取文字的图像特征，将其序列化处理，使其恢复为文本格式。

OCR 技术的运作逻辑如图 9-4 所示，但对用户而言，使用 OCR 技术进行识别只是以拍照代替了手写的环节而已。

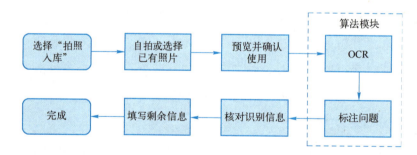

图 9-4　OCR 技术的运作逻辑

随着科技的发展，OCR 技术也被广泛用于账务管理中。如今，不少企业开始尝试将 OCR 技术与企业内部的发票识别核心技术相结合，构建发票录入系统，极大地提升了纸质发票的录入效率。

这种系统不仅同时支持纸质发票的拍照识别和电子发票的导入识别，还可以自动连接税务网站，鉴别发票真伪。不仅如此，许多企业还在系统中设置了防伪和防重的功能。在录入时也会自动核对发票的税号等信息，如果录入的发票存在问题或同一张发票进行了二次录入,系统都会做出相应的提示。

OCR 技术对于对外贸易企业具有非常重要的意义。因为它们在交易时,大多只提供收据作为交易凭证,而这些收据同样可以被 OCR 技术识别。以此为基础的发票录入系统同样可以完成对收据的智能识别,自动生成报销信息。

OCR 扫描与电子发票极大地减轻了财务人员的工作量,提升了财务人员的工作效率,对于推动企业内部的数字化转型进程起到了关键的作用。

第10章 运营数字化变革获客流程

运营数字化可以帮助企业建立用户分层体系,了解用户的行为偏好与使用习惯,从而优化用户体验,提升用户对企业的价值认同感,有效促进用户转化率。这有利于企业对用户需求与产品价值进行评估,优化产品的交互体验,从而创新产品路径,重组生产模式,促进零售模式与营销模式的转化,指导获客流程的创新与变革。

10.1 变革产品的生产过程

随着消费水平的提升,用户对产品的需求也从物理层面转向情感层面,实现产品路径的创新也成为企业发展的大趋势。企业需要根据用户的实际需求设计产品功能,同时持续孵化产品新形态、优化产品布局,全方位提升产品的竞争力,进一步推动企业的可持续发展。

10.1.1 从"产品→用户"到"用户→产品"

过去的企业通常以产品为导向,即根据自身的制造水平设计产品的功能,这种方式难以兼顾用户的真实需求,逐渐被市场淘汰。如今的市场要求企业以用户为导向,即根据用户的实际需求设计产品功能,产品的需求者与使用者得到了统一,这样的产品也会具有更高的使用价值。如唯品会就将用户导向做到了极致。

现代女性消费者倾向于独立与自主，有着旺盛的消费需求与消费能力。这一特征给创业者带来了无限机遇，同时也提出了更大的挑战。唯品会较早地察觉到了"她经济"时代的商机，洞察和顺应了女性用户的消费习惯，致力于满足并超越女性用户的心理需求。例如，基于用户数据分析采取惊喜营销策略，成为首家登录微信朋友圈的电商；顺应女性用户中"晚购族"和"床购族"的需求，开设晚8点移动特卖专场等。

在充分了解用户需求后，唯品会由奢侈品销售转向了服装尾货销售，并由此积累了大量的用户基础。此后，唯品会开始进行品类扩张，大量增加新品与专供品的比例。可以说，唯品会依靠代售品牌尾货起家，从与大品牌合作发展到与本土品牌合作，从尾货折扣发展到新品上市的首发模式，唯品会一直致力于打造完善的购物流程和优质的用户体验。

在保证产品本身足够时尚、产品品牌足够有名的同时，唯品会还极大地降低了产品的客单价。强大的买手团队和"特卖"模式也加深了唯品会与女性用户之间的联系，增强了唯品会的产品掌控力。在多种因素的综合作用下，唯品会一举成为国内最大的品牌折扣网站，多次入围《年度最具价值中国品牌 100 强》名单。

在完成"以产品为导向"到"以用户为导向"的转变后，用户对产品的信赖度及认可度都将获得显著的提升，企业就可以有针对性地实施运营策略，提升用户的复购率，为公司创造更多的盈利机会。

10.1.2 波士顿矩阵助力产品布局优化

产品布局是创新企业产品路径的前提。在对产品布局进行优化后，企业就可以更好地满足用户需求，更有针对性地实施运营策略，从而形成产业生态圈，利用最小的成本挖掘最大的用户价值。企业要想更高效地优化产品布局，可以采用波士顿矩阵。

波士顿矩阵又名 4 象限分析法，由著名管理学家布鲁斯·亨德森设计。它将销售增长率和市场占有率看作决定产品结构的重要因素，并以此为基础判断产品的类型及发展前景，波士顿矩阵如图 10-1 所示。

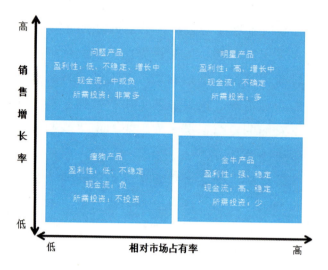

图 10-1 波士顿矩阵

波士顿矩阵的 4 个象限分别对应 4 种产品，即明星产品、金牛产品、问题产品和瘦狗产品。其中，明星产品的销售增长率和市场占有率较高，值得重点关注，并推动其发展为金牛产品；问题产品的销售增长率和市场占有率双低，需要重新规划这些产品的销售策略；金牛产品是企业主要的盈利来源；瘦狗产品需要战略性放弃。

A 企业主要经营奶糖、咖啡糖、话梅糖、水果糖 4 种产品，其产品的年销售情况见表 10-1。

表 10-1 A 企业销售情况

产品	销售增长率	市场相对占有率
奶糖	较高	较高
咖啡糖	较低	较低
话梅糖	较高	较低
水果糖	较低	较高

利用这些数据建立波士顿矩阵，依据这些产品在矩阵中的位置可以帮助企业检验目前的产品布局是否合理，决定如何对这些产品进行中长期的规划、实

现产品战略布局的优化，如图 10-2 所示。

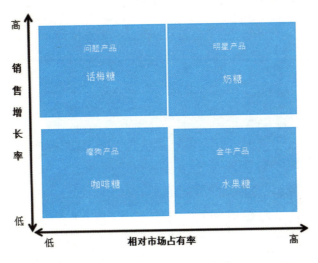

图 10-2　A 企业波士顿矩阵

在成功构建波士顿矩阵后，就可以有针对性地进行产品规划，提升资金的使用效率，为企业创造更大的盈利。企业理想的经营状态是没有瘦狗产品，金牛产品和明星产品占多数份额，同时存在大量的问题产品为企业的后续发展做准备。

因此，对于咖啡糖，A 企业应该进行全面的财务分析，确定亏损无法避免后将其淘汰。对于话梅糖，A 企业应该思考如何提高其市场占有率，使其转变为明星产品。对于奶糖，A 企业应该在保持竞争优势的前提下降低投资费用，使其转变为金牛产品。同时，A 企业的问题产品只有话梅糖，这并不利于企业的长期发展，A 企业还应该尽快研发新产品，提升产品的迭代速度。

波士顿矩阵可以帮助企业的管理人员以前瞻性的眼光看待产品，增强他们的决策能力，使他们能够及时对企业的产品布局进行调整，对产品营销策略的制订具有较强的指导作用。值得注意的是，在实际操作中，产品的销售情况并不能完全由销售增长率和市场占有率表示。因此，企业也应该将波士顿矩阵与其他分析法相结合，从而实现产品布局的最优化。

10.1.3 价格设计先于产品设计的家居企业

如今,许多家居企业会在产品设计前确定出售价格,从而在根源上压缩生产成本,宜家就是一个典型的例子。下面以宜家为例,简述家居企业的产品生产过程。

1. 定价

在产品正式投入开发前,宜家的产品开发团队都会对产品的成本进行核算,产品的设计师、开发员、采购员等都会从自己的专业角度进行成本控制,如采购员会针对产品的原料、供应商等问题进行集中讨论。这也意味着,在产品成型之前,它们的价格就已经确定了。

宜家的产品开发员皮娅在接到 Trofe 杯的设计任务时,还了解到这个杯子的生产成本需要控制在 5 瑞典克朗以内。为了控制杯子的生产成本,皮娅选用了更节省成本的材料、颜色和制作工艺等。这也是 Trofe 杯多为绿色、蓝色、黄色、白色的原因。

2. 选择供应商

宜家有一套完善的供应商管理规范,这套规范通常由宜家的贸易合作伙伴执行。此外,宜家还与质量控制部门、审计事务所达成协议,以便更高效、精准地查询供应商是否符合规范要求。

在供应商与监管部门的帮助下,宜家的产品成本得到了极大的压缩。由于平面包装可以最大限度地提升运输及存储效率,皮娅降低了 Trofe 杯的高度,并对手柄的形状也进行了细微的调整。这也显著节省了 Trofe 杯的存储空间,提升了产品的运输、仓储效率。

3. 设计产品

在确定了产品的销售价格和供应商后,宜家会通过内部竞争寻找最适合的设计师以及设计方案。设计师需要对产品的价格、功能、原料以及选择的供应商等信息进行梳理,并将这份概要交给设计团队和其他自由设计师,从而不断地对原有的设计进行改进,以提交最完善的生产方案。

"为大部分人创造更美好的生活"是宜家的品牌理念，也是宜家努力压缩成本、控制售价的原因。低成本的产品还可以有效解决原材料浪费、保护环境资源的问题。例如，更低的色素含量不仅意味着更低的生产成本，还意味着更高的环境友好性。

这种定价先于产品设计的生产模式的本质是一种对价格区间的细分定位。在家居行业逐渐进入红海的今天，实现产品垄断已经越来越困难了。但是这种独特的生产模式从价格定位出发，帮助宜家实现了价格区间的垄断，为宜家赢得了良好的市场口碑。

10.2 重组企业的生产模式

以云计算、大数据、人工智能与区块链为代表的数字技术正在持续释放自身的能量。在这些数字技术的驱动下，各行各业的边界逐渐变得模糊，越来越多的企业开始尝试利用重组生产模式的方式应对即将来临的行业变革。这些企业也凭借自身的先进技术成为整个行业的颠覆者，带来了革命性的改变。

10.2.1 普通工厂→未来工厂

如今，我国的制造行业开始向网络化、智能化的方向发展，普通的工厂也逐渐走向智能化、高端化，成为企业实现生产力数字化转型的核心引擎。为进一步加快数字技术与制造行业的融合，浙江召开了首届"未来工厂"发布会。

老板电器与杭州移动合作，将5G、人工智能等数字化技术进行了创新，并将其应用于协同制造、共享制造等新型的智能制造模式中，实现了工厂的智慧管理，并因此获得了"未来工厂"的首批认证。

在获得高速率传输带宽的同时，保证了生产工艺等数据资料的传输安全。这是老板电器进行数字化转型的原始动力。如今，其"无人工厂"已经实现了5G网络的全覆盖。杭州移动以现有的局域组网模式为基础，为老板电器定制了工厂专网，极大地提升了工厂内部生产数据传输、存储时的安全性。此外，老板电器还在各车间门口部署了AR摄像头和门禁，并通过这种方式对进入无人区域的工作人员进行识别与监控。

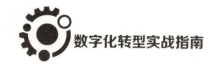

杭州移动的负责人表示："5G 网络就像毛细血管一样在工厂实现全覆盖，这样散落在各个角落的现场设备通过 5G 网络汇聚到工厂本地边缘服务器快速进行运算、分析，然后传输到平台上。数据稳定性较 Wi-Fi 相比从 75%提升到了 100%，对工厂内 16 条生产线业务及 32 个上下料点进行实时监控毫无压力。"

工厂二楼设置了工业互联网平台，管理人员可以通过这个平台实时获得现场的监控数据和设备的运行参数，并对这些生产数据进行可视化管理，实现从原料加工到产品入库的全流程调度。不仅如此，该平台还支持产品的自主流转和风险预警，全面提升了各生产线协同生产的可执行性。

这也在一定程度上减轻了管理人员的工作压力。老板电器的管理人员表示："以往都要靠人工巡检才能发现问题，而且还不能确保百分百发现。但现在，一旦有某个流程偏离了标准工艺，后台就会直接报警，非常智能。"

为检测那些生产流程未出现错误，但产品外观存在瑕疵的部件，老板电器引入了"动态上行容量增强技术"。这项技术使生产设备的上行速率提升了400%，在现场测试时，速率峰值达到了 581Mbit/s。老板电器将这项技术应用于每一个检测点，对产品进行不间断检测，解决了人工辨别误差大、检测效率低等问题，使不良品的生产率降低了 60.5%。

数字化技术加速了制造行业实现智能化升级的进程，使得老板电器完成了从"普通工厂"到"未来工厂"的蜕变。老板电器的快速发展，也将形成示范效应，带动整个制造行业的发展。

10.2.2　新生产模式的 3 大领先策略

现在正处于数字经济时代，对企业来说，数字化转型不仅是信息革命的要求，也是自身应该努力达成的目标。如今，以大数据、人工智能、5G 为代表的技术正在重组企业的生产模式，带领企业走向更光明的未来。

传统生产模式的显著特点是大批量、标准化、规模化，而新生产模式则倾向于定制化、个性化、数字化、智能化。吉利汽车积极进行数字化转型，引进新生产模式，取得了亮眼成绩。其采用的新生产模式有以下 3 大领先策略，如图 10-3 所示。

第10章 运营数字化变革获客流程

图10-3 新生产模式的3大领先策略

1. 通过外部合作，实现数字化生产

阿里云在发布ET工业大脑时提出要让生产线上的机器都变得自动化、智能化。此后，ET工业大脑不断适应技术与时代的进步，在多个方面开展工作，包括生产工艺改良、生产流程制造的数据化控制、设备故障预测、生产线的升级换代等。

如今，云计算、人工智能等技术越来越多地应用于产品生产。企业可以借助这些技术更精准地把握市场，降低研发成本。吉利汽车充分利用技术，通过优化生产流程促进生产效率的提升。此外，吉利汽车还借助5G改革生产网络，为工作人员配备5G智能设备。

为了打造更受用户喜爱的个性化产品，为用户提供更优质的服务，吉利汽车与阿里云在供应链、车联网、用户管理等领域达成合作。在各种技术的助力下，吉利汽车致力于让自己变身为以"创新、转型、协同"为特点的新型汽车企业。

2. 业务数据在线化、在线业务数据化

吉利汽车通过一系列活动获取了很多用户资料，这不仅加深了其与用户之间的联系，也为其制定下一步发展战略提供了科学依据。与此同时，吉利汽车还实施数字化运营，以达到实时获取动态信息的目的。吉利汽车通过实现从订单到运输的紧密融合，取得了业务数据在线化、在线业务数据化等重大突破，其业务分析效率也因此得到了很大提升。

3. 实现真正意义上的"新生产"

用户在选购汽车等大型产品时会更重视安全性和售后服务质量,这些都需要用户亲自体验。无论线上购车平台的照片多么全面、资料多么丰富、售后保险多么详细,用户也还是无法真切感受到汽车的驾驶体验,很难放心购买。为了打消用户的疑虑,获得用户的信任,吉利汽车在打造品牌口碑上不遗余力,一直在积极探索新策略。

当然,要想获得用户的认可,最重要的还是"用产品说话"。吉利汽车的汽车质量保障来源于无数次测试,其中最具代表性的就是模拟仿真测试——借助计算机辅助工程软件对汽车的驾驶情况进行模拟测试。吉利汽车通过多次测试为每位用户带去更舒适的驾驶体验,给予其更安全、可靠的保障。

企业在进行数字化转型时可以学习、借鉴一些知名企业的做法。但需要注意的是,直接照搬照抄是不正确的,企业必须结合自身的实际情况制定相应的策略,这样才能够克服重重障碍,获得跨越式发展和进步。

10.2.3 引入云系统,实现操作智能化

云系统又称云 OS、云计算操作系统,主要由云计算和云存储两部分组成。云计算通过数据中心设置大量计算机服务器群,通过网络传输的方式为客户提供差异化应用;云存储通过对客户的信息进行跨区存储,以达到节省本地存储资源的目的。

京沪高铁线上有一道独特的工业风景线,那就是徐工,它是云系统应用的代表性企业。下面为大家揭开云系统的神秘面纱。

徐工的占地面积约 17 万平方米,如此大的智能基地仅有 500 名工人负责操作,90%的工作基本上都是由机器人(如焊接机器人、切割机器人和涂装机器人等)完成的。通常情况下,很多人会认为机器人是没有思想的、行动迟缓的,而徐工的机器人却十分灵活,效率很高。

徐工的机器人可以做到在生产线上自行走动,且不触碰其他物品。它背着大大的铲斗,铲斗上放着需要焊接的物品,通过设定好的指令将物品运送到焊接台上。在焊接台上,其他类型的机器人在按部就班地进行着某一工序的工作。

这些机器人力量很大,能够将要生产的产品进行360°翻转,并进行全方位的焊接。这在传统的生产车间是难以想象的,因为工人并没有那么大的力量,而使用机械方法不仅非常笨重,还容易出现焊接不牢固的问题。

由于对机器人进行了精细的分工,产品的生产过程可以一气呵成,而且不需要操作员去指挥。此外,因为生产过程早就已经被记录在系统中,系统能够根据进度不断下达指令,所以几乎不需要人工参与,机器人只需要按照接收到的指令完成相应的工作就可以了。

徐工的独到之处,还不止于此。徐工设立了云车间,里面有一个调度系统,管理着所有的数控单体设备和集群设备。例如,当一台车床加工完成后,会自动向调度系统发送信息;调度系统收到信息后,会安排输送轨道把产品送到下一个工序,上一个工序也会通过输送轨道把产品送到车床上。另外,关于此产品的所有工序都会被记录下来,包括在哪一台车床上、在什么时间、完成了什么任务等。

在云车间的助力下,工人成为质检员,主要职责是对所有的产品进行质量检测。在这里,每个工人都有一个智能终端系统,此系统会显示今天需要完成的任务、生产线上的整体任务等。工人根据调度系统发布的指令去现场检测产品,以判断产品是否合格。

云车间里的机器也充满了互联网"脑细胞",这些机器上会有GPS定位系统、GPRS无线通信系统和数据库自动识别系统等,将这些组合在一起就构成了一个感知系统。以往徐工用来服务的机器出现状况时,必须将照片、视频发给工程师进行初步分析,整个过程会频繁地进行信息核对。而现在就不需要了,因为机器上贴有条码,只需要扫描一下,机器的所有重要信息都会显示出来,例如客户信息、服务商信息、零部件的研发与生产信息等。

对徐工来说,维修方案的制定也十分快捷,基本就是瞬间自动完成。当远程诊断和后台知识库无法排除故障时,千里之外的客户服务中心会通过GPS、手机定位找到离故障设备最近的服务车和服务人员,并通过地图导航带领服务人员第一时间赶到故障地点,排除故障,真正实现由原来的被动维修变为主动检修。

现在是一个拼效率、讲质量的时代,制造企业都想用最低的成本生产满足市场需求的产品，这是无法回避的问题。云系统引领下的智能工厂力求无人化生产，减少人为干预，实现高度自动化。同时，让机器人负责繁重的体力劳动，改善工作流程，也是工业互联网要达到的理想状态。

10.2.4 奇妙的犀牛工厂

2020年9月16日，犀牛工厂的神秘面纱终于被揭开。犀牛工厂是阿里巴巴集团保密了整整3年的新型"智造工厂"，它与盒马鲜生师出同门，以服装制造行业作为切入点，是阿里巴巴集团五新战略的重要组成部分。

犀牛工厂打造了智造平台，致力于把相关技术应用于生产环节，实现产销一体化。这样不仅可以帮助中小商家更好地解决供应链问题，还可以通过数据分析了解消费者和行业形势，并将其与生产环节连接在一起，推动企业实现弹性生产。

通常情况下，中小型企业在关注用户反馈的同时，还要关注自身的供应链情况，这一点在服装行业尤其重要。因为服装行业拥有超3万亿元的市场规模，但容易受到时尚潮流和季节的影响，供需关系常年处于不平衡的状态。

大品牌的现金流更充裕，制造能力和抵御风险的能力也更强，可以更好地消化滞销产品。而中小型企业通常需要依靠新颖的设计和反应速度吸引用户，但由于订单量较小，很难获得制造商的优先排期，它们需要面对的竞争压力也更大。

犀牛工厂首次创造了数字印花技术，即将印花的参数利用投影技术进行定位，极大地提升了印花效率。这项技术也帮助犀牛工厂将行业平均水平的订货流程由"1000件起订，15天交付"缩短为"100件起订，7天交付"，帮助中小型企业解决了供应链的问题。其CEO伍学刚表示，犀牛工厂致力于将中小型企业从繁重的生产制造中得到解放，增强其竞争优势，使它们可以专注于进行业务创新。

当然，阿里巴巴集团想要进军制造业还有很长的路要走，因为每个行业都存在天然的矛盾。以制造业为例，降低生产成本与满足用户需求之间的矛盾很难进行调和。因为规模化生产是最好的降低生产成本、提升资源利用率的方式，但用户的需求在快速地变化，要想尽量满足用户需求就需要进行小规模的差异化生产，这势必提升生产成本。

从这个角度出发，犀牛工程与盒马鲜生十分类似，都是在致力于解决传统行业中的难题，应用了五新战略改造产业的内在逻辑。阿里巴巴集团可以凭借自身实力树立行业标杆，从而吸引更多的资源，最终形成具有强烈数字化特征的产业平台。

10.3 数字化时代，零售有新玩法

数字化时代的到来，同样改变了原有的消费格局。如今用户的网购频率出现了显著的提升，但他们并未放弃线下的购物渠道。用户的需求和消费环境从未停止变化，企业要重新认识用户和市场，寻找快速灵活、种类多变的零售新玩法。

10.3.1 自动化滞销处理，轻松找到"问题产品"

科学技术的发展促进了工业生产的发展，随着工业自动化的产品越来越多，销售难度也越来越大，越来越多的产品出现了滞销的情况。许多企业仓库的设计并不太合理，无法精准地识别并找出滞销产品。当建立"一站式"仓库管理系统后，这些问题就可以迎刃而解了。企业就可以轻松找到滞销产品，并合理、高效地处理它们。

首先，确立仓库管理制度。仓库管理的事务繁杂，从每一种产品的布局，到每种产品的订购，只有每一项事务都有相应的制度作为参考标准，才能使仓库管理更加有条不紊，从而保障管理效果。

其次，加快仓库的数字化进程。目前，几乎所有企业都拥有了实现互联网接入的能力，但真正将这项技术加以应用的只有 44.2%，还有很多企业仍然利用人工进行操作。因此，企业应该引进或研发仓库管理系统，增强库存控制的意识，重视库存成本，全面推动企业及仓库管理的数字化进程。

最后，制定仓库管理方案。实际上，仓库杂乱是由于企业没有重视对仓库的管理造成的，不知道哪些产品应该多进货、产品出现问题后应该如何处理。因此，企业需要对目前的仓库管理系统进行优化，增强其检索能力，并设置能

力模块，将货物信息详细地记录在管理系统中。这样就可以实时了解产品情况，从而促进资源的合理分配。

有了仓库管理系统后，就可以精准掌握产品的变动情况，从而快速找到滞销产品，并有针对性地进行滞销处理。这样可以极大地降低人工成本和时间成本，也可以将经营重心从滞销产品的寻找转移到畅销产品的运营上，进一步扩大企业的经营优势。

10.3.2　引进虚拟现实等数字化技术

经过多年发展，零售业已经进入一个新阶段，越来越多的企业意识到积极"拥抱"技术、尽早实现数字化转型才是最好的出路。虚拟现实等数字化技术作为引领新一轮产业变革的一支重要力量，自然会在零售转型中发挥强大的作用。

例如，消费者在购买衣服时最先想到的问题通常是"我穿上这件衣服会是什么样子"，此时，虚拟试衣就可以派上用场。在这方面，曼马库斯百货做得非常不错。其为消费者提供一面嵌入 AR（Augmented Redity，增强现实）技术的"智能魔镜"，消费者只要穿着一件衣服在这面镜子前拍摄一段不超过 8s 的视频，然后再穿上另一件衣服做同样的动作，就可以通过视频对两件衣服进行比较，从而选出自己更满意的那一件进行购买。

除了曼马库斯百货以外，奥迪也在开发零售新玩法：引进用 VR 眼镜选车、看车的技术。目前，VR 眼镜模拟了奥迪旗下的 50 种车型，消费者甚至还可以看到博物馆里面存放的一些古董车型。消费者戴上 VR 眼镜不仅可以 360°全方位浏览汽车，还可以观察汽车的"内在"结构。这个"内在"不单指内饰，还包括发动机、内部结构、传动系统、刹车盘细节等。

为了改善司机的驾驶体验，奥迪还推出了可以戴着 VR 眼镜驾驶的汽车——Virtual Training Car。司机戴着 VR 眼镜坐在驾驶座，正对着驾驶座的后排座椅靠背上安装着 VR 眼镜追踪器，用于追踪司机头部所在位置以及左右摆动情况。VR 眼镜中有正确的画面，画面可以随着司机头部的摆动而转换场景。

当司机戴着 VR 眼镜时，操作员会坐在副驾驶的位置通过操作板控制系统的开启和关闭。操作板可以同步显示司机在 VR 眼镜中看到的场景。与此同时，操作员还要关注现实世界的情况,在出现紧急事件时帮助司机按下电子手刹键。

在数字化转型中,虚拟现实桌(Virtual Training Table)也让奥迪大放异彩。虚拟现实桌由一张桌子和一个显示屏组成,桌子是主控台,显示的是第一视角,即从外部去看功能如何实现;显示屏则显示第二视角,即从司机角度感受功能如何实现。

虚拟现实桌下面有 24 个摄像头,用于观察桌子上有什么物体,以及这些物体的角度变化。通过虚拟现实桌,奥迪可以精准地向消费者介绍汽车的功能,为其模拟符合需求的场景。

在 VR 眼镜、虚拟现实桌等数字化设备的助力下,奥迪的服务质量有了进一步提升,消费者可以享受到兼具场景、感知、美学的消费新体验,司机也可以更安全地驾驶。

10.3.3 新型零售模型:心路历程形象化

阿里巴巴曾提出了 AIPL 模型,即 A(Awareness)知晓、I(Interest)兴趣、P(Purchase)购买、L(Loyalty)忠诚。这个模型的本质是一个普通人的购物心路历程。腾讯在 AIPL 模型的基础上又加了一步,即 A(Advocate)拥护,以此让该模型覆盖了社交产品。

零售的数字化转型在逻辑上依然要遵从 AIPLA 表示的消费者心路历程。而之所以要转型,是因为要在现有零售的基础上更好地影响消费者,更好地宣传产品。

如今,消费者在购物或进行消费决策时不再单方面地接收信息,而是成为信息的创造者和传播者,其传播能力甚至超过了官方渠道。所以,在数字化时代,零售必须转型,企业必须用数字化重新武装自己,推出新的零售模型。

1. A(Awareness)知晓

在知晓阶段,企业的投放和引流要更加集约化、精准化。过去很多不可能实现的广告投放方式,现在也都实现了,如程序化合约投放、私有竞价的广告投放等。另外,很多企业都设置了"内容运营岗",虽有"运营"二字,但其做的也是知晓阶段的工作。

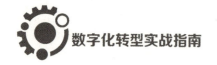

2. I（Interest）兴趣

过去企业在这一阶段的投入比较有限。所以，现在企业要重视与消费者的数字化交互和沟通。在这方面，企业要建立多种与消费者交互的渠道，如网站、小程序、H5、抖音、小红书等。除此之外，企业还要优化这些渠道上的消费者体验，如策划优质内容、开展优质活动、直播面对面接触等。至于具体怎么运营，企业需要根据自己的情况来决定。

3. P（Purchase）购买

购买阶段的转型主要是零售的电商化或线上化。现在，电商的玩法非常多样，很多大电商平台本身就是一个完整的零售生态，从引流到卖货，都可以在平台内部实现。所谓零售的电商化转型，不是简单地把线下卖的产品放到线上卖，仅拓展一个卖货的新渠道，而是利用适应电商环境的新产品，策划适合线上的零售方案。

例如，如果"双十一"马上要到了，企业要如何以数字化转型思维卖产品？可以从3个方面入手。首先，企业要考虑哪些产品适合电商平台；其次，企业要考虑策划哪些电商优惠玩法；最后，企业要考虑如何引导消费者在电商平台上转化。

4. L（Loyalty）忠诚

忠诚阶段的转型是众多企业关注的焦点。传统零售借助 CRM（Customer Relationship Management，客户关系管理）体系来提升客户的忠诚度，但这仅仅是关注了已经购买的客户。而数字化转型后的零售模式不再只关注已经购买的客户，而是把所有与企业互动过的客户全部纳入"忠诚管理"的范畴。因此，忠诚客户的定义也发生了变化。

过去，忠诚客户是指在产品生命周期内比别人购买更多产品的用户。现在，忠诚客户是指在产品生命周期内比别人与企业进行更多交互和沟通的客户，其中包括多次购买产品的，且购买产品不是唯一标准。这个逻辑虽不强调购买产品，但在数字世界中，只有更多的沟通，才能触发更多的购买。因此，多次交互和沟通与多次购买产品在本质上是相同的。

5．A（Advocate）拥护

与兴趣阶段类似，拥护阶段的转型也属于将过去企业忽略的工作重新重视起来。在今天，由消费者主导的市场环境中，消费者成为信息的创造者和传播者，因此消费者对品牌的拥护异常重要。拼多多的各种"助力"，完美日记利用小红书进行的软文推广，都属于拥护阶段的转型。这个阶段的转型是对消费者成为信息创造者、传播者的应对。

既然消费者传播信息的能量已经有超越企业官方的趋势，那么不妨顺应潮流，让消费者为企业进行正面、积极的宣传。随着互联网传播环境的成熟，许多企业开始强化拥护阶段，向消费者施加微观环境下的影响，为自己带来意想不到的收获。

10.3.4　大力发展无人零售

依托智能技术的无人零售是企业应该关注的重点。例如，罗森和松下电器合作，共同推出了全自动收银机。引进这个智能设备，再加上智能购物篮的助力，罗森就可以为消费者提供自助结账服务，其具体操作方式如下。

1）每个智能购物篮中都有一个扫描器，每件产品上都贴了可供消费者扫描的 RFID 电子标签。

2）消费者将自己想购买的产品放到智能购物篮中（需要先对产品进行扫描），智能购物篮会将产品信息（如价格、数量、规格等）记录下来。

3）罗森的全自动收银机上有一个狭槽，消费者只要把智能购物篮放进这个狭槽中，产品总价就会在结账屏上显示出来。然后，消费者就可以选择采用现金或信用卡的方式进行付款。

4）消费者只要完成付款，智能购物篮底部就会自动打开，产品也会跌落到已经准备好的购物袋中并自动升起。此时，消费者就可以取走自己购买的产品了。

全自动收银机和智能购物篮具备一定的无人零售属性，是罗森实现数字化转型的强大动力。除了推出全自动收银台和智能购物篮以外，罗森还推出了夜间无人值守结账服务，这项服务是缓解日间劳动力压力的有效方法。

现在这项服务已经正式投入使用，从夜间12点到凌晨5点都可以让消费者享用。消费者只要在手机上安装一个应用程序就可以在罗森进行自助购物。这样消费者在结账时就不需要排队，罗森也不需要在夜间安排工作人员值班。

与罗森相同，亚马逊也在无人零售领域积极布局，推出无人实体商店Amazon Go。亚马逊采用了视觉识别、深度学习、传感器融合等技术，省去了传统柜台收银结账的烦琐过程。在Amazon Go，消费者只需要下载亚马逊购物App，在商店入口扫码成功后就可以进入商店购物。当消费者离开商店后，系统会自动根据消费情况在其个人的亚马逊账户上结账收费。

当然，不只是国外的罗森和亚马逊，我国的很多企业也推出了无人商店。例如，Take GO就取得了不错的业绩。该无人商店外部装有扫描屏幕，消费者在注册并登录软件后扫码进门；消费者进门后会有摄像头检测其是否购买产品。和Amazon Go相似的是，如果消费者把产品带出商店，其手机上便会收到账单详情和结账提醒。

在零售转型方面，罗森、亚马逊、Take GO表现出色。在这些企业的带领下，7-11、全家等企业也相继引入智能收银系统或自助结账柜台。可见，零售领域已经迎来自动化和智能化浪潮，这个浪潮将推动传统行业的升级。

10.3.5 小米的"爆款"是怎么出来的

如今，互联网巨头都有自己的零售模式。在这种情况下，小米的零售模式依然显得那么与众不同。小米主要通过硬件获客，将获客成本大大降低。在数字化时代，其优势已经显现出来。小米打造的"智能生态"体系，涉及手环、VR眼镜等智能硬件，致力于将技术融入用户的生活。此外，小米还将标签、算法、数据应用到了极致。

例如，在用户允许的情况下，很多提醒和通知都会出现在小米手机上，包括肯德基的早餐提醒、麦当劳的新品上市通知等。通过"智能生态"体系内用户产生的数据，小米可以将用户的行为变成标签，然后再根据标签向用户推荐广告，实现广告与场景的深度融合。

在投放广告时，小米会对用户的浏览行为和相关信息进行采集，并通过各种维度的标签将用户分类。这样小米就可以根据用户的习惯和偏好将广告投放到特定的平台上。随着5G、大数据等技术的发展，小米将拥有更多维度的标签，这使其在信息获取方面具有很大优势。

小米利用智能设备捕捉用户的眼神、肢体动作、面部表情等，并通过算法对这些之前没有用处的信息进行分析，使推广更精准、更有效，从而推出更多"爆款"。对小米来说，智能设备和技术使其产品、品牌在整个生态中大范围曝光。

小米的策略虽然多种多样，但核心只有一个，那就是用户体验。小米致力于将用户体验做到最好，这使其"智能生态"体系变得越来越成熟，信息获取方式也得以创新。在技术的助力下，小米不仅拥有系统级别、软硬件兼顾的基础数据，还能通过线上数据分析与线下调研反馈进一步挖掘用户的心智数据。

当基础数据与心智数据融合在一起后，一个亿万量级的"工程"正式形成。小米通过算法之间的相互关联打造出一条全场景关系链。在数字化时代，小米借助"智能生态"体系和全场景关系链，利用标签和算法的融合取得了巨大成功。

10.4　营销转型持续释放新动能

数字时代，各行业都面临着巨大的考验。原有的行业格局被打破，各企业回到同一起跑线，如果可以抓住机会，快速实现数字化的营销转型，就可以充分利用转型优势，持续释放新动能，从而占据行业优势地位。

10.4.1　从入口思维到全触点营销

能够传递消息的渠道都可以被称为用户入口，如品牌门店、营销广告、App等，用户的总流量就是由这些入口流量线性叠加得到的。触点即企业与用户通过各种维度、各种形式形成的链接。由多个触点组合形成的触点网络可以更好地实现企业与用户之间的对接，为用户提供更全面、更优质的产品及服务。

触点可以有效吸引潜在用户的注意力，通过富有创意的营销活动向用户传递品牌的态度及价值观。互联网技术的进步使每个触点都有机会变成入口，这也导致传统的商业模式发生了极大的变革。从入口思维转变为触点思维，充分

挖掘业务流程中的重要触点,有针对性地进行营销活动,是企业实现转型升级的核心步骤。

好友推荐、企业官网、在线直播、活动物料等都可以打造成触点,这些触点会潜移默化地占据用户心智,从而提升其品牌信任感,影响其购买决策。例如,企业可以在活动发放的物料上粘贴二维码,将这些物料打造为新的流量入口。同时,还可以根据物料类型的不同在其中埋入不同的标签,根据用户的需求为其发放不同的物料,从而有针对性地为企业培养潜在用户。

企业不仅要关注用户购买产品的决策流程,还要关注产品的使用过程。在其中增加服务触点,提前做好扩展销售、交叉销售的准备,让产品深入用户生活,成为其生活的必需品。

产品的销售过程也是企业连接用户的过程,触点思维可以深入了解用户,快速响应用户需求。如果可以将入口思维转变为触点思维,就能够实现有温度、有深度的用户对接,从而更好地影响其购物决策,充分展现全触点营销的价值。

10.4.2 7步完成先进的移动营销

移动营销即通过移动设备实现与用户的信息交互,从而构建持续、稳定的营销流程。这就要充分考虑用户的移动属性,将用户放在策略的核心点,同时确保营销活动的前瞻性,从而最大限度地提升营销效果,增强用户黏性。

下面通过7个步骤轻松实现移动营销。

1. 建立用户视图

用户可以通过各种渠道实现与企业的交互,如果能够建立用户视图,就可以更好地了解用户的转化路径及实际需求,理解渠道脉络。在将渠道信息与用户视图结合后,无论用户使用哪种渠道链接企业,都可以为用户提供精准的个性化服务。

2. 拒绝数据孤岛

移动渠道只是众多交互渠道中的一种,其他渠道的信息也会对其产生影响。但许多移动项目的开发人员总会下意识地为程序设置数据壁垒,这也增加了后续修改、平台移植等工作的难度，造成极大的时间及成本的损失。

3. 自适应式设计

由于移动营销的内容要在各种移动设备上发布，为降低工作量，许多企业都会创建响应式站点，即将各平台的页面按比例调整，实现内容与用户使用的移动设备完美匹配。由此产生的自适应式设计就可以自动根据屏幕大小调整内容页面，为用户提供最佳阅读体验。

4. 预测行业走势

科技的发展加快了移动设备及平台的迭代速度，每一项热点技术都可以对企业的发展产生巨大的影响。这就要求大家紧盯行业热点，预测行业走势，及时在平台中添加新设备或其他变量，始终走在行业的前沿。

5. 简化工作内容

移动营销要求企业化繁为简，消除工作内容的复杂性。企业不应该为每个问题、每种移动设备提供相互独立的解决方案，而应该将问题系统地进行梳理，率先针对某种设备提供完善的、成体系的解决方案，再将其移植到其他设备中。这样不仅可以简化工作内容，还可以极大地提升用户的体验感受。

6. 检验营销效果

每次进行移动营销后都要根据链接的点击情况、用户的互动情况、产品的销售情况等对此次营销效果进行评判。这可以帮助企业了解用户的实际需求及关注重点，为其提供更有针对性的情景服务，进一步完善营销策略。

7. 提升用户体验

优质的用户体验是提升用户品牌忠诚度的关键。企业应该充分发挥用户视图及分析结果的价值，针对用户的使用习惯、需求及偏好等，进一步提升其使用体验。例如，根据用户偏好定制个性化推荐内容；优化导航和搜索功能，降低用户点击频次；设置一键支付功能，进一步引导用户消费。

这 7 步可以帮助企业深入了解用户需求，根据用户的使用场景为其提供针对性更强的营销内容，进一步了解用户行为的深层含义，为企业带来更多的商机。

10.4.3 竖屏视频与 MG 动画大行其道

很多企业都通过视频的方式为产品做广告，以取得良好的营销效果。如今，用户对视频的清晰度、流畅度提出了更高的要求，企业如果使用原来的技术，视频很容易出现卡顿的情况，影响用户的观看体验。下面列举一些视频质量评估所需的网速，如图 10-4 所示。

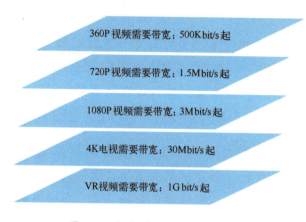

图 10-4 视频质量评估所需的网速

现在受到广泛关注的 5G 可以解决带宽问题，其具有 3 大特点：高速率、低延时、海量链接。

1）5G 具有高速移动性，可以达到 490Mbit/s，比 4G 速率提升了 1.5 倍。

2）5G 具有低延时性，端到端的低延时可以低至 1ms，比 4G 的延时性提升了 10～50 倍。

3）5G 的海量链接可以达到每平方千米 100 万个，比 4G 的链接数量提升了 100 倍。

因为 5G 的特点，视频类内容和营销的边界会变得模糊，因为视频类内容可能本身就具备营销的能力，而营销的成功也依赖于视频类内容。在数字化时代，营销与视频类内容会不断融合，并开始走向多元化。在视频类内容中，竖屏视频与 MG（Motion Graphics，图形动画）动画会成为主流，对品牌推广和产品宣传产生深刻影响。

第10章 运营数字化变革获客流程

1. 竖屏视频

在观看竖屏视频时,用户往往更容易融入企业设定的情景中,参与感更强。此外,竖屏视频的视觉效果要更聚焦,更有利于突出产品的卖点,吸引用户的注意力,从而把产品的优势尽可能深入地传达给用户。横屏视频与竖屏视频的对比如图10-5所示。

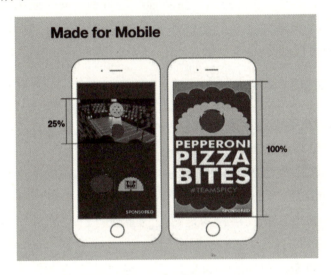

图 10-5 横屏视频与竖屏视频的对比

对企业来说,这些优势可以带来更多的变化,具体如下。

1)之前,广告通常以海报的形式出现,而到了如今的数字化时代,宛如海报一般的竖屏视频也可以成为手机上的动态宣传工具。

2)在竖屏视频中融入一些比较重要的信息,如广告语、产品介绍、售后服务、促销活动等也是一个非常不错的"玩法"。

3)企业如果已经把竖屏视频玩透,还可以使用一个全新的思路,即把视频做得像游戏一样,以闯关的形式突出产品的某些优势和特性。

2. MG 动画

MG 动画又称为图形动画,即通过点、线、字将一幅幅画面串联在一起。通常,MG 动画会出现在广告 MV、现场舞台屏幕等场景中。虽然它只是一个图形

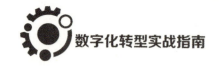

动画,但具有很强的艺术性和视觉美感。

不同于角色动画和剧情短片,MG 动画是一种全新的表达形式,可以随着内容和音乐的同步变化,让观众在很短的时间内清楚企业要展示的东西。5G、人工智能等技术的出现让 MG 动画变得更流畅和衔接,其传播力和表现力也增强了很多。

如今,在产品介绍、项目介绍、品牌推广等方面,MG 动画都可以发挥很大的作用,这也使得该形式十分受企业和用户的喜爱。因此,在进行营销的数字化转型时,企业可以找专业人员制作 MG 动画,以更好地触达用户。

10.4.4 麦当劳的独家定制模式

麦当劳于 2019 年 3 月宣布收购 Dynamic Yield。麦当劳官方没有公布收购价格,但媒体人员根据收购规模推测,此次交易价格应该在 3 亿美元左右。如果推测结果准确,这将是近 20 年麦当劳进行的最大规模的收购活动。

Dynamic Yield 是一家利用大数据及人工智能技术为用户提供个性化运营决策的科技企业。麦当劳的收购行为,也是为了使自己尽快转型为一家数字化的餐饮企业。

麦当劳的 CEO Steve Easterbrook 表示:"通过此次收购,我们正在增强应用技术和数据的能力,希望为客户创造更优质的个性化体验。"

此次收购完成后,麦当劳在数据领域的核心技术将得到强化,可以根据地理位置、用户偏好、门店流量等信息,为用户提供更贴心的私人定制服务。这种独家定制模式也将大幅提升用户黏性,带动麦当劳营业收入的增长。

早在 2019 年,麦当劳就开始在线下门店试行这项 AI 技术,未来还会实现全球近 4 万家门店的全覆盖。除了线下门店外,麦当劳的 App、小程序以及自助服务机都会采用这项技术。有了高新技术的加持,麦当劳的独家定制模式如虎添翼。麦当劳也将更快地与竞争对手拉开差距,进一步提升品牌的市场竞争力。

第11章 供应链数字化实现流通新模式

在高度互联的数字化时代，各行各业都迎来了发展的新机遇。物流行业的迅速发展使得传统的分销模式无法满足品牌的需求。实现供应链的数字化转型，促进新型流通模式的产生已经成为共识。企业也应该建立新型的供应链平台，更好地适应供应链的整合与变革。

11.1 企业的供应链之殇

在讲述数字化转型会给供应链带来怎样的变化前，有必要正确认识当前的供应链环境，从更高的维度、更全面的视角对其进行分析，这样才可以更清晰地规划供应链的发展方向。

11.1.1 需求的快速变化与不确定性

由于市场需求是一个动态变化的过程，供应链管理中也存在强烈的不确定性，这种不确定性主要表现在两个方面。一方面，市场需求的变化导致供应商无法确定生产数额；另一方面，物流配送的限制导致供应商无法确定交付时间。

第一种不确定性又被称为需求偏差加速放大原理，即由于供应链上的企业只能根据相邻企业的需求确定自己的生产数额，需求信息的偏差就会随着信息的流向逐渐被放大，最终导致供应链两端的企业获得的需求信息存在极大的偏差。

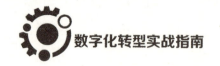

通常情况下，为应对市场的需求波动，供应链上游的生产商通常会生产多于需求的产品，经过整条供应链的传递后，产品的库存量也将远大于市场需求量。同时，由于需求偏差受到了多级放大，为满足下游需求、保证需求供应的及时性，供应链最上游的生产商也会进一步扩大产量，并自行承担额外的库存成本。

第二种不确定性由物流配送过程中生产环节和运输环节的多次延迟累积而成。在产品的生产环节中，生产设备的使用时间会直接影响产品的供应情况，设备的使用时间越长不确定性也就越低。物流运输环节中的延迟问题源自供应链的链式结构。这种链式结构会使延迟问题成倍增长，出现"一步迟，步步迟"或者"一步顺，步步顺"的极端情况。现实生活中，天气情况、突发性事件等都会对运输环节产生影响，从而影响产品的交付时间，间接阻碍产品的组装进程或销售情况。

这两种不确定性会分别对库存成本和用户满意度产生影响。相较之下，需求偏差只会增大上游供应商的库存，而物流延时将直接影响产品的销售情况，更值得大家注意。例如，某家电生产厂家采用分批供货的方式向经销商大批量供货。但某次订单的最后一批产品没能按期交付，与此同时，市场上出现了类似功能的新型产品。经销商因此拒绝收货，这家家电生产厂家也因此损失惨重。

进行供应链管理是为了更好地实现物流供应，在某种程度上，也是为了避免这些不确定性带来的不利影响。只有将不确定性因素的影响降至最低，保证产品在供应链上正常流动，同时降低采购和库存成本，才能更好地面对供应链的挑战，通过供应链管理的优化措施提升企业竞争力。

11.1.2　预测与响应能力亟待提高

如今，用户需求趋于多样化，新产品的生命周期极速缩短。这不仅为生产端带来了巨大的生产压力，还为供应端进行需求预测、库存控制带来了巨大的挑战。

许多企业的内外部数据存在调用限制，这也是影响需求预测准确度和需求响应灵敏度的关键因素。传统行业的经销商通常采用层层经销的方式，这使得

第11章 供应链数字化实现流通新模式

不同渠道、不同区域的数据之间存在信息壁垒,难以实现协同发展。大部分的经销商都无法了解其他门店的销售信息,从而导致这些经销商难以对需求进行准确预测。

世界领先的管理咨询企业贝恩曾发布名为《零售新变革下的数字化供应链》的报告,并在报告中系统地阐述了传统供应链面临的挑战。这份报告对企业供应链中存在的问题进行了梳理,并对出现需求预测结果不准确和供应链响应能力低的原因进行了分析,报告摘录如图 11-1 所示。

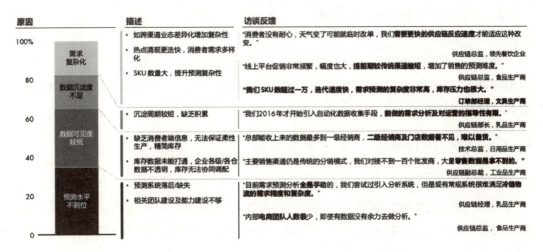

图 11-1 报告摘录

需求预测也是对未来销售情况的预估,预测结果难免会出现偏差。天气预报的预测结果也无法保证与实际天气完全一致。这就要求企业要对预测结果进行更新和修正,努力提升预测结果的准确度。即使预测结果并不完全准确,还是要积极进行。这不仅仅是因为高准确度的预测需要投入大量的成本,更是因为进行预测的目的不在于获得准确的预测结果,而是为生产决策的制定提供参考依据,同时有充足的时间根据市场需求对现有的生产决策进行调整。

因此,除了追求预测的准确度,还要努力提升供应链的响应能力,并通过这种方式加大供应链对销售端的支持力度,从而形成协同共赢的局面。

无论是提升预测准确度,还是加快供应链的响应速度都很难在短时间内实现。因为供应链中各节点传递的需求数据是否准确、信息的处理与反馈情况是

否及时、各业务部门之间是否能够形成协同效应等,都会在一定程度上对这些问题产生影响。

供应链各环节的供应商、生产商、经销商、代理商共同组成了复杂的供应链网络。当这个错综复杂的网络中的某一个点出现问题时,很难立即找到出现问题的环节,也很难快速分析出现问题的原因。这也进一步降低了供应链的需求响应能力。

11.2 如何实现供应链的数字化转型

如今,企业的供应链现状不容乐观,亟须进行转型升级,数字化时代刚好是实现转型的契机。因此,企业应该根据自身情况制定相关策略,实现供应链的数字化转型。

11.2.1 建立补货模型,实现智能补货

在过去,各仓库由不同的负责人管理,仓库之间互相独立,加大了企业库存管理的难度。通常情况下,企业都会增加大量库存,防止影响产品销量。但由于数据不共通,企业难以实现产品的合理调度,最终导致无用库存占用企业大量的资金,使企业出现盈利亏损。

因为对于企业而言,产品对其行业地位可以产生直接影响,产品的销售情况会受到天气、价格、营销等多种因素的影响,产品的库存出现差池就等于为竞争对手提供了一个抢占市场的机会。如果可以建立补货模型,实现智能补货,就可以很好地解决这个问题,迅速拉开企业与其他竞争对手之间的差距。

利用补货模型实现智能补货其实就是利用大数据、人工智能等互联网技术帮助门店制定补货策略,具体步骤如下。

第一步,收集库存数据。

掌握数据便能更好地进行管理。企业应该将各仓库的库存数据统一记录在补货模型中,方便管理人员进行调取。同时还要对产品库存的变更情况进行实时更新,为每个对产品销量产生重大影响的因素建立专门的数据库。当然,掌

握的数据越多，建立的补货模型也就越精准。

第二步，考察整条供应链。

在将产品的库存信息进行整合后，还需要对整条供应链进行全面考察，了解从订单产生、供应商响应，到产品送达的全过程，从而实现供货路径的最简化，实现联合补货，进一步提升自身的库存管理水平。

第三步，搭建模型框架。

企业需要将上述信息进行梳理，将数据进行分类处理，找出它们之间隐含的逻辑结构，再向其中填充内容，智能补货模型的基础框架也就搭建完成了。同时，还需要针对每一次产品销量出现明显波动的情况进行分析，并制定相应的解决方案。

第四步，完善补货模型。

首次搭建的补货模型势必存在数据偏差，因此还要对其进行进一步的完善。验证模型中是否缺失关键步骤、是否存在不适用的场景，将框架完善成为完整的补货模型并正式投入使用，在使用过程中实现优化和升级。

通过这种方式建立的补货模型可以有针对性地解决产品的库存问题，提高企业的资金周转率，有效降低产品的无用库存。

实际上，补货的过程也是将供应链的上下游环节进行连接的过程。补货模型的建立可以帮助企业精准掌握门店的库存情况，从而实现对产品的销售情况进行合理预测，使产品产量完美匹配市场需求。

11.2.2　使用灵活多变的动态运输网络

随着消费关系的变化，企业经营模式的增长方式从推动式转变为拉动式。原本企业的服务主体为经销商，生产订单的获取频率较低，但单次订单的数量较大，产品的运输环节也较为稳定。

时至今日，企业的服务主体变为用户本身，生产订单的获取频率提升的同时，单次的订单数量骤减，渠道也越来越多元化，原本的产品运输网络逐渐与需求脱节。在这种情况下，必须有灵活、多变的动态运输网络与之对应，如图 11-2 所示。

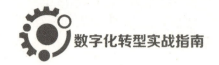

图 11-2 动态运输网络

信息与身份的双重透明是实现动态运输网络的前提。其中，信息透明是企业最基本的诉求之一，即企业可以通过网页端、移动端实时获取任意物流信息。信息透明可以增强对承运商的约束力，使物流运输的执行过程更灵活、更高效。身份透明则更进一步，是企业基础诉求的升级，即企业可以清晰地了解全链条中的各环节及其负责人。这样使得各环节的职责更清晰，简化了后期账务的对接工作。

与此同时，这种动态运输网络也会加强企业间的协同能力。在移动互联成为物流行业发展的核心引擎后，各物流企业也逐渐连接成错综复杂的物流网络，极大地提升了物流运输的效率，使规模化的跨组织协同成为可能。

物流信息化、流程数字化是打造动态运输网络的基础。物联网、云计算、区块链等先进的互联网技术都将成为驱动物流新模式的重要工具。这种灵活、多变的动态运输网络也可以进一步推动供应链的数字化转型。

11.2.3　协同的数字化系统

大数据时代使数据成为链接实物与网络的核心引擎。如今，越来越多的企业开始利用互联网技术建立协同的数字化系统，实现企业间的数据共享，进一步提升供应端对用户需求的响应速度。

沃尔玛一直围绕自身定位，不断进行门店布局，强化优势资源，加强价值链管理。在打造协同的数字化系统后，沃尔玛与供应商建立起互惠互利的合作关系，获得了关键资源的控制权。其创始人山姆·沃尔顿曾说："人们常常认为，沃尔玛是通过在小城镇提供大商场而做大的。其实，我们是通过用信息代替库存来扩大规模的。"

为进一步实现数字化转型，沃尔玛发射了自己的商业卫星，实现了全球范围内的信息互通。其全球数千家门店的产品数据，均会在信息系统上实时更新，大大降低了工作人员进行产品管理的难度。同时，信息系统可以实时查询产品的单价、库存、销售量、储存地等基础信息。这也显著提升了沃尔玛与供应商的沟通效率，进一步增强了沃尔玛的竞争优势。

不仅如此，沃尔玛将供应商的信息系统与自身系统进行对接，基于自身门店的合理布局，最大限度地缩短了产品的在途时间，成功压缩了运营成本。随着经济的稳步发展，沃尔玛的行业优势地位逐渐确立，最终成长为全球范围内最大的连锁零售商之一。

数字化转型是企业发展的必然趋势，不仅要从企业自身出发，推动企业内部的数字化转型，还要从产业链的角度出发，建立协同的数字化系统，提升企业与供应商的合作效率，加速产业链闭环的形成，进一步推动整个产业的数字化转型进程。

11.2.4 打通上下游企业

企业间的收购活动，不仅能够提高生产效率、降低生产成本，还可以打通生态链，快速产生规模效应，实现转型升级。一些规模比较大的公司在收购小型公司后，也能够有效提升自身的生产能力，拓宽原有的营销渠道，同时也可以得到相应的商标效应，从而使双方实现协同发展。

在将上下游企业打通后，就有机会对上下游的资源系统地进行梳理，将优质的要素资源进行聚合，打破信息壁垒，促使产业链上下游的深度融合，从而形成一体化的产业链生态闭环。

特步副总裁肖利华致力于打造一条动态平衡的供应链，实现从设计研发、原料采购到生产营销、物流仓储的全面生态闭环。特步将自身的面料供应商、产品零件加工厂与其他高端品牌的供应链进行了整合，并通过数字化技术实现了供应环节的全程可视化。每个生产环节都清晰透明，系统还会对潜在风险进行分析预测，并及时预警。当出现畅销产品后，这条动态的供应链就会立即响应，并快速扩大产量，实现产品补充。

思科致力于为互联网科技提供网络解决方案，可以将它看作以互联网为基础的虚拟供应链。思科完成的100笔订单中，有90笔是通过网站在线完成由询

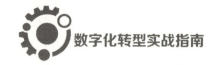

价、下单、确认库存到生产、运输、交货、支付的全过程。

思科利用庞大的数据库构建出完整的合作伙伴视图。合作伙伴登录后，网站就会自动确认企业的类别及归属地，并为其提供适合的模式和产品，这也极大地提升了思科与其分销商的协作效率。不仅如此，为了能随时、随地地了解订单的货运状态，思科还建立了物流系统的互联网络，通过虚拟视图与各物流环节进行链接，在最大限度上提升了企业内部及与合作伙伴之间的协作效率。

正是这种供应链管理战略，帮助思科优化了组织管理的效率，使其可以在世界范围内实现资源的最优配置及有效整合。当打通上下游企业后，就可以快速形成产业链闭环，从而减少生产型企业的生产浪费，帮助销售型企业摆脱以产品产量为导向的销售模式，加快资金的周转速度，进一步提升整个行业的运作效率。

11.3 供应链的数字化转型案例

物流行业正在发生变革，供应链的弹性也越来越强。本章的前两节对企业供应链的现状和如何实现供应链的数字化转型都进行了介绍，并在每个小节中都穿插了相应的案例。这些成功经验将会对每个正在进行供应链转型的企业指引方向。下面以宜家、华为、宝洁为例，对它们的数字化布局与变革流程进行详解。

11.3.1 宜家家居从设计模块化入手

如今，宜家在世界范围内共拥有 445 家门店，成为全球最大的家具零售商。其产品目录册《宜家家居指南》影响力很大，改变了无数年轻人的生活理念。

宜家 2020 财年的财务报告显示，企业总收入高达 396 亿欧元，线下门店的客流总量达 8.25 亿人次，宜家的电商销售模式同比增加 45%，网页访问量再创新高，突破 40 亿人次。此外，宜家入选"2020 年度全球最具价值品牌"，名列榜单第 25 位，并在"全球品牌 500 强"中位列第 31 名。

在电商对传统企业的冲击下，宜家依旧保持行业领先地位的关键在于多源头的模块化生产。宜家采用了全球化的采购模式，集设计、采购、物流、销售于一体，在整条供应链上，只有家具的制造环节交由制造厂商进行代工。也正因如此，宜家保持着对供应链的绝对控制力，其供应链的运行结构图如图11-3所示。

图11-3　宜家供应链运行结构图

虽然家具由制造厂商进行代工，但宜家并没有过度依赖制造厂商，而是为家具进行模块化的结构设计，并将不同的模块委派给不同的厂商。这样不仅可以有效分散风险，避免受到厂商的牵制，还可以与厂商签订合作协议，进一步降低代工成本。为进一步降低代工成本，宜家的管理团队会与厂商的管理人员一同推动精细化、自动化生产及柔性制造等项目，从而提升厂商的运作效率。各制造厂商之间也存在竞争关系，为持续获得大笔的订单，它们也愿意配合宜家的工作，全面推动运营成本的下降。

自创立以来，宜家就始终坚持低价高质的产品战略，正因如此，宜家才能在电商模式的冲击下保持自身的优势地位。为了降低用户的购买价格，宜家采用了自营模式，省去了中间商进行生产、组装、运输的过程。这样宜家就可以与用户直接进行对接，不仅极大地提升了运作效率，还有效降低了运作成本。

扁平化包装可以称得上宜家最成功的物流策略之一，即将家具拆分成为易组装的小组件，让用户自己进行组装。这样不仅可以有效提升物流运输的效率，还可以同时运输大量产品，大幅降低了运输成本，符合现代用户"少量多样"的消费观念。此外，扁平化包装还帮助宜家建立起低成本运输的竞争优势，使宜家的生产点不会受到消费点的限制，充分实现了供应链效率的最大化。

实践证明，这种模块化的生产模式极大地降低了宜家的生产成本，帮助宜家建立了竞争壁垒，也对整个家具行业的运作模式产生了影响。不仅如此，模块化的产品结构可以根据不同的空间形态为用户提供不同的功能，这也为用户带来了更多的可能性，改变了用户的生活方式。宜家也因为这个战略赢得了市场和口碑。

11.3.2 华为打造"以用户为中心"的供应链

"以用户为中心"是华为最核心的服务理念，无论做什么产品，华为都会提前调查用户需求，追求数据性能的最大化，将用户体验放在研发首位。在进行供应链改革时，华为依旧将这项服务理念作为改革核心，将提升业务的处理效率和物流运输效率、满足用户的订单需求为主要改革任务，提出了"简单化、标准化、IT自动化"的改革原则。

在这种思路的指导下，华为制定了详细的变革方案，并开展了一系列的变革行动。

第一步，重新规划布局供应网络。

对供应网络进行规划布局其实就是根据供应网络中各节点面向的用户群体、承接的产品类别，确定各节点的类型、位置、规模、产品的运输方式等基础信息。除了这些基础信息之外，华为还考虑了空间成本与时间成本之间的平衡问题。在选择地址、确定规模的同时兼顾了服务成本、库存情况、运输成本等问题，进一步确定最佳的布局方案。

第二步，建立集成度高的供应链管理方案。

在确定了供应网络的布局方案后，还要解决销量预测的问题，完善供应网络。随着市场的井喷式发展，对产品进行销量预测的必要性越来越强。预测量高于实际需求量时，会导致大量库存闲置，浪费企业的流动资产；预测量低于实际销售量时，又无法保障供应量，无法满足用户的需求。

为了解决这个问题，加强订单管理水平，华为深入市场前端，推动了排程系统的执行，要求销售、生产与采购部门对供需差距每月进行一次核查，及时对采购、生产和交付等工作计划进行调整。

第三步，实现供应网络的数据共享。

华为同步推行了合同订单集成配置器，进一步推动供应网络的数据共享，加快订单处理速度，并为各类计划方案提供精准的数据支持。

与此同时，华为还加强了对交付逻辑和算法的研究，并会依据每个供应中心的能力分配订单。用户下单后，供应链系统可以将订单分配给线路最优、成本最低的供应中心。这样不仅可以压缩运送周期，节省运输成本，还可以对供应网络的整体结构进行优化，增强自身的订单交付能力。

华为与许多大型物流企业建立了战略合作伙伴关系，并将一些业务外包给本地的物流企业，这样不仅可以保证产品运输的质量与效率，还能显著降低物流成本。华为对自身服务水平的持续优化，有效提高了用户的忠诚度，提升了用户的品牌信任感，对于提升华为的综合竞争实力有着重要意义。

11.3.3 宝洁提出"千场千链"的构想

经过 180 多年的发展，宝洁已经成为快消行业的龙头企业，其分公司遍布全球 80 多个国家和地区，产品包括护发、护肤、婴儿护理、医药、家居等 300 余种。在 2020 年《财富》全球 500 强名单中，宝洁名列第 156 位。宝洁最先感受到数字化对传统行业的推动力，并将"成为数字化能力最强的企业"作为核心战略目标，启动了一项为期数年的数字化转型计划。

宝洁根据业务流程、数据应用搭建起数字化的整体架构，实现了宝洁"千场千链"的战略构想。其供应链总裁陈宇表示："现在宝洁可以做到千场千链，一千个不同的供应场景，有一千个不同的供应链解决方案。我们可以具象地把供应场景数字化，赋予其不同维度的数字化标签，从而实现一个非常精准化的运作。"

这也意味着，宝洁可以对每条链路进行精准描述，并根据需求场景的不同对供应链进行动态优化，为每一个需求信号提供供应决策的最优解。宝洁集团的供应链也逐渐趋于透明化、智能化。

1. 供应链的透明化

供应链透明化是数字化发展的必然结果。供应链的透明会提升企业对供应场景的识别、追溯、分析、互动等能力，这也使得企业有机会深入挖掘产品在原料采购、加工生产、物流运输等各环节的潜在问题，提高供求双方的运作效

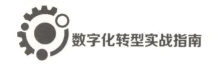

率，有效提升供应环节的时效性。

宝洁在与某企业深度合作时，使用智能算法分析了双方的商业计划、营销方案和产品资源等数据材料，生成了联合促销的最优解，并将其作为预订单导入供应系统中。在满足该企业订单需求的同时，将整体供应时间缩短了30%。

2. 供应链的智能化

数字创新中心和智能制造中心的建立，也帮助宝洁完善了数字化运营的整体架构，进一步推动了其供应链的智能化发展。这种智能化的供应链，同样加强了宝洁与合作伙伴的协同能力，帮助宝洁降低了40%的库存占用率。

陈宇表示："数字化时代，对宝洁和消费行业来说都是一个黄金时代。我们手中掌握着价值重塑的关键工具，让我们在新消费时代有能力去满足消费者对美好生活的向往与追求，有能力去更好地践行宝洁对消费者数十年不变的初心与承诺。我相信，宝洁目前所取得的数字化成就，只是一个开始而已。"

"千场千链"的战略构想帮助宝洁快速实现了供应链上下游的联通，为同类企业及整个快消行业进行了赋能，进一步巩固了宝洁的行业优势地位。

第 12 章 C 端数字化赋能渠道与服务

互联网的全覆盖使人们的生活方式发生了重大变化，他们更倾向于选择方便、快捷的消费渠道。各类渠道的多元化程度越来越高，传统销售企业的生存空间受到挤压，对用户资源的争夺也逐渐进入白热化阶段。在这种情况下，只有对企业的渠道与服务进行数字化赋能、对现有的渠道进行创新、为用户提供极致的消费体验，才能最快地激发用户的认同感，从而影响用户的心智与消费行为。

12.1 创新渠道，精准触达 C 端

随着技术的进步和渠道的发展，只有围绕新媒体平台进行品牌推广才能够更好地适应时代的发展变化。但不能满足于现有渠道的运用，还要对这些渠道进行创新，使宣传内容精准触达 C 端用户，从而实现宣传效果的最大化。

12.1.1 反应快、碎片化的前端渠道

随着电商渗透率的不断提升，前端渠道可以与用户直接接触，非常高效地反馈用户的意见和建议。但与此同时，该渠道也具有反应快、碎片化的特点。微博就是这样的一种渠道。随着使用人数的不断增加，微博的影响力越来越大，很多企业开始利用微博进行品牌宣传。

拼多多就充分利用了微博反应快、碎片化的特性，使自身品牌得到了快速、广泛的传播。在建立初期，拼多多在微博宣传上投入了大量资金。那句"一亿人都在用的购物 App"宣传语使得拼多多在微博上迅速走红，成为国内主流的购物软件。

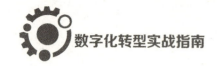

2018年3月，微博与尼尔森联合发布了《微博营销品牌影响白皮书》，即通过尼尔森DBE（Digital Brand Effectiveness）衡量体系直观地展示微博的推广效果。结果显示，传统行业与新兴行业均能在微博上取得较好的品牌宣传效果。那么，企业应该如何借助微博进行品牌传播呢？

1. 巧妙的广告

在微博上做广告宣传是有技术要求的，如果一开始就直接声明这是广告，可能马上就会被用户无视。因此，企业可以通过故事性强的内容激发用户兴趣。轻松诙谐的口吻、精炼的文字、巧妙的广告插入，不仅不会被用户反感，反而可能会让用户会心一笑。

2. 合适的方式

合适的方式主要是指广告投放的地域与时机。在投放广告时，要尽量选择用户浏览微博的高峰时段。因为微博平台本身具有热门及头条推荐机制，也可以充分利用这种推荐机制，增加品牌的曝光度，从而获得更好的品牌宣传效果。

3. 了解消费者

在进行品牌宣传时，还要注重收集用户的偏好及使用反馈。如果可以及时解决用户遇到的问题，及时满足用户的需求，就能提升用户满意度，获得更多用户的支持与信赖，全面提升品牌的宣传效果。

在某种意义上，进行品牌宣传也是为品牌代言的过程。微博这种反应快、碎片化的前端渠道可以直接与用户进行链接，精准、快速地实现用户转化。

12.1.2 "种草""拔草"的内容渠道

除了微博这种碎片化的前端渠道，还可以使用微信公众号、知乎等内容渠道实现精准触达。同时，这种内容渠道兼具私密性与社交性，利用这种渠道进行品牌宣传会增强宣传内容的可行度和说服力，从而获得更好的宣传效果。

随着内容经济的兴起，大批的知识型平台涌现出来。用户可以在上面发表自己的经验、对问题的看法，这种内容渠道也受到了越来越多的年轻人的喜爱。这种内容渠道也能为企业吸引到素质更高的用户，为企业创造更大的价值。

第12章 C端数字化赋能渠道与服务

在新媒体时代，对比有公众号且运营得很好的企业，没有公众号的企业在发展时会略显不足。如今，微信被广泛应用于聊天、了解资讯、休闲娱乐，打造企业品牌微信公众号并且定期对产品信息进行更新，也能有效扩大品牌的影响范围。

无论是自制微信公众号还是利用优质公众号来进行品牌宣传，都需要企业对相关的内容进行转发、传播，从而达到宣传品牌的目的。如果两种方式同时进行，效果会更好。在进行宣传的过程中，企业可以结合渠道的特点，创作贴合度更高的内容、设计普适性更强的环节，潜移默化地吸引用户关注度，影响用户心智。

使用知乎的用户大多数都是在大城市中拥有较高文化素养的年轻人。企业可以以此作为战略基点，抓住年轻人感兴趣的话题，有针对性地进行品牌宣传。在宣传的过程中，除了介绍产品优点与独特之处，还要着重宣传企业的核心理念，从理念、情感、价值观三方面与用户产生共鸣，从而实现用户对产品的"种草"与"拔草"，用内容征服用户。

以下几个步骤可以帮助企业充分利用知识型平台的优势，如图12-1所示。

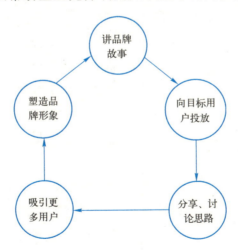

图12-1 知识型平台品牌宣传流程步骤

在实际的操作过程中，要将这5个步骤形成一个循环，循序渐进，不断地为品牌宣传助力。当然，如果可以结合目标人群的特点对企业的核心理念进行宣传，就能获得更好的宣传效果。

诸如微信公众号、知乎等内容渠道可以帮助企业更精准地吸引目标人群，也可以针对目标人群的需求和特点制定出其感兴趣的内容，从而建立起自己的品牌特点与优势。

12.1.3　直播成为火爆的渠道

在新媒体时代，企业在进行品牌宣传时最怕的就是跟不上时代发展的势头。如今，短视频成为当下最受欢迎的休闲娱乐方式，直播也成为最火爆的宣传渠道。在进行品牌宣传时，也要抓住直播这股浪潮，全面拓宽产品销售规模，为品牌积攒人气。

随着直播行业的快速发展，"带货主播"应运而生，他们会在直播过程中进行产品宣传，使得企业能够在短时间内获得极高的曝光度，快速提升产品销量。如果能够充分发挥他们的助力作用，便能够使产品精准、快速地触及用户，获得事半功倍的宣传效果。

既然直播平台在为企业进行品牌宣传时起到如此重要的作用，那么企业又应该如何利用直播平台来进行品牌传播？

首先，前期规划。在进行直播前，要选择直播推广的产品，在对其卖点、适用人群等基本属性进行梳理后，初步确定直播平台、主播、直播开始及持续时间、直播整体流程等，并对产品的销量进行初步预测。其中，带货主播主要分为 4 类，即明星、网红、业内权威人士及公司内部成员。由于每类主播的宣传重点不同，他们吸引到的用户类型也存在差异。只有根据产品的特性选择合适的主播，才能实现效益的最大化。

其次，流程清晰。直播场景、主播的介绍语、产品的使用环境等都需要经过策划人员的精心设计，这样才能确保整个直播氛围的自然、流畅，从而提升用户的舒适感。同时，还要针对直播过程中可能遇到的各类突发情况制定多份应急备案，防止这些突发事件打乱直播节奏，影响直播的整体效果。

最后，注重反馈。直播只是产品销售的开始，在直播结束后，还要注意用户的反馈，及时解决用户遇到的问题，并对产品和宣传内容进行调整。这样才能获得更多用户的支持与信赖，真正实现用户与品牌的连接，充分发挥直播这个推广渠道的价值。

12.1.4 技术型广告变革推广渠道

随着技术的不断发展和广泛应用,技术型广告越来越受欢迎,对推广渠道产生了深刻影响,也使企业与用户之间的距离更近。在技术型广告中,跨屏广告、实景广告十分常见,是数字化时代的新事物,也是服务创新的重要手段,应该得到企业的重视。

1. 跨屏广告

试想这样一个场景:你在下班前用台式计算机浏览了一件心仪已久的连衣裙,下班回到家之后发现手机中的电商平台也为你推荐了这件连衣裙。于是你就认为这是你和连衣裙之间的奇妙缘分。事实真的是这样吗?其实这是跨屏广告在发挥作用。

对于企业来说,将广告精准地发送给用户是走向成功的重要一步。之前,企业在不断研究如何实现跨屏广告,即把广告发送到同一个用户的所有智能设备上,如手机、计算机、iPad 等。这种重复发送广告的策略会产生非常不错的宣传效果。

如今,借助大数据、5G 等技术,跨屏广告已经成为现实,这为企业带来新的机会。跨屏广告的核心要点是跨屏识别,企业需要弄清每一次浏览行为背后的用户,打通与用户相关的各类数据,例如,账号、Wi-Fi、IP 地址、消费习惯等。

除了大数据以外,物联网也让跨屏广告拥有了现实的场景。智能设备之间的直接通信是物联网最典型的应用之一,而线上线下导航是物联网和传感器的另一个典型应用。因此,在物联网的影响下,用户的购物体验将进一步提升,企业也将获得更多基于用户行为的数据,这些数据可以提升广告的投放效果。

2. 实景广告

实景广告是通过 VR 或者 3D 投影技术将具体位置的实际景象以互动的方式展示给用户。房地产、景区、汽车、购物中心、游乐园、酒店等都非常适合这种广告。对于企业来说,实景广告就像"开箱"展示一样,可以给用户一种真实的体验和身临其境的感觉。

目前，因为网速的限制，实景互动还无法在广告上实现，只能通过网站或者 App 载入。但当 5G 出现并得到应用后，网速已经有了大幅度提升，实景广告将会代替简单的图片广告和视频广告，让用户以任意视角和位置查看产品的细节。

12.1.5 如何建立泛渠道

单渠道主要依靠实体店存在，在实体经济蓬勃发展时能为企业带来极高的经济效益。随着数字经济的发展，实体店的覆盖面逐渐缩小，其管理成本却在逐渐上升，企业的利润空间遭到严重挤压。

近些年，许多企业的用户覆盖层面都已经触碰到了行业上限。在这种情况下，拓宽渠道的广度和深度成为实现企业可持续发展的关键。那么，企业应该如何建立泛渠道，实现用户的精准触达？具体可以参考以下 4 个步骤。

第一步，进行资源合作，扩大用户覆盖面。企业可以充分扩展周边行业的渠道资源，扩大用户的覆盖面，增加平台对用户的吸引力。例如，与其他媒介融合、通过多个渠道联合推广等，通过这种方式最大限度地覆盖目标群体，从而增加企业的曝光度，发挥最好的运营效果。

第二步，进行场景化营销，优化用户消费体验。最高级的营销是不露一丝痕迹的，会给人一种所听、所见即所得的真实感。企业可以充分挖掘、追踪和分析用户数据，为全渠道打造统一的消费场景，连接用户线上和线下行为，通过与用户的互动沟通，树立品牌形象，提升用户转化率，实现精准营销。

第三步，建立用户管理体系。每位用户的精力都是有限的，正因如此，企业需要建立一个可以不断涌入新鲜血液、沉淀内容的用户管理体系。这样就可以对用户行为数据进行有效分析，尽一切可能延长用户的生命周期，提升用户的留存率，最大限度地发挥用户的商业价值。

第四步，寻找相应 KOC（Key Opinion Consumer，关键意见用户）。企业可以利用 KOC 的人设以及私域流量，实现低成本、高效率的产品营销。从某种程度上来讲，KOC 的意见具有影响力和感染力，毫不夸张地说，一个合格的 KOC 可以对一百个甚至是一千个、一万个普通用户产生影响。因此，寻找 KOC 的工作十分重要，需要重点关注。

在成功拓宽用户与产品接触的各个渠道后，就可以满足用户在任意时间、地点的购物需求，从而有针对性地进行营销活动，为用户数字化赋能。

12.2 变革服务，为 C 端提供极致体验

除了关注公司本身的组织结构外，同样需要重视用户体验。充分利用大数据的优势，精准识别用户身份，打通会员体系，建立智能化的售后服务，为用户提供极致的服务体验，就可以有效提升用户的转化率与活跃度，更好地实现盈利。

12.2.1 个性化服务要精准识别用户身份

近些年来，许多互联网技术都实现了商业化应用，制造业的差异也由各类高新技术抹平。在这种情况下，用户之间的个体差异得到凸显，如果可以精准地识别用户身份，为用户提供个性化服务，就可以有效提升用户的转化率与活跃度，更好地实现盈利。

在大数据时代，用户数据的价值不在于数量，而在于如何处理。一家拥有更多有效数据的企业，也将拥有更强的经营和发展优势。如何对产品及用户数据进行挖掘、整合、分析，已经成为企业进行战略布局的重要课题。下面从多个方面着手，对用户数据进行分析整合，从而精准识别用户身份，提供极致服务。

1. 有目的地收集数据

有目的地收集数据，可以确保数据分析结果有较强的针对性与实操性。例如，保险公司在对司机的个人行驶里程、驾驶稳定系数、刹车油门踩动情况等数据进行分析后，就可以得知该司机的驾驶习惯，预估其驾驶风险，确定其车险保费金额。

如果可以在数据诞生的瞬间将其进行识别，就能够极大地减轻工作量。这就要搭建用户数据管理平台，并在其中进行用户数据的导入及初步处理，如剔除重复数据、标记相似数据等。

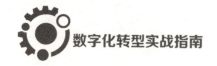

2. 匹配关联数据

将来自不同渠道的数据进行关联，初步建立可视化的用户视图，也是整个用户分析过程中重要的一步。现代人的信息保护意识逐渐加强，许多用户在购物时不会留下自己的真实信息，数据匹配也因此变得更加困难。在这种情况下，如果依旧将来自不同渠道的信息按重复字段进行匹配，除带来极大的工作量外，其工作效率和成功率也极其低下。

目前，使用手机号进行身份认证是每个平台都会提供的服务。因此，企业可以将手机号作为链接纽带，借助它将各渠道的信息进行关联。在找到数据源头后，再利用用户的姓名、电子邮箱、收货地址等附加信息，对原有数据进行补充。

3. 验证用户画像

首次整理出的用户画像存在数据偏差，因此还要根据用户的行为偏好进行修正。定向内容评估法是最常用的验证方法，即在建立初步的用户画像后，根据画像结果对用户进行产品推送，通过产品的购买率或复购率判断用户画像是否合理。

此外，由于用户数据具有时效性，还要实时进行数据更新，及时提供用户需要的服务，这样才能与用户进行适时、适当的沟通，从而促进用户的转化与回流。同时，也需要加强信息安全防护，预防用户数据泄露。

12.2.2 大数据让"买买买"更精准

在过去，通常采用市场调查的方式对市场情况、现状及其发展趋势进行搜集、记录、整理和分析，从而为企业制定更科学、合理的发展策略。

随着科学技术的发展，大数据和智能算法广泛应用于各领域，并成为市场调研的重要技术支持。企业可以利用这些技术预估产品的销售额，更精准地进行用户需求匹配，从而提升企业的交易效率及品牌知名度，维护企业的口碑。

亚马逊在利用大数据建立个性化推荐系统后，其销售额得到大幅上升，个性化推荐这个功能也逐渐出现在新闻、书籍、音乐以及社交等各种产品当中。如今，许多产品销售型企业都会利用大数据了解用户的浏览、购买、回购、投诉、退换等消费情况,进而对自身的产品战略进行调整,将产品信息精准投放给需求用户,为用户提供更优质的个性化推荐。

淘宝就是利用大数据进行产品推荐的典范。众所周知,在利用关键词进行检索时,检索结果的显示并不完全随机。淘宝后台通常会根据大数据判断用户偏好,将那些容易激起用户消费热情的产品置于顶部,从而引导用户的消费行为。淘宝的年销售额逐年增长,足以说明这个战略的先进性。

未来商业的竞争是用户数据的竞争,真实、精准的数据是进行产品决策的前提。大数据时代,可以通过对纷繁复杂的大数据进行集成分析,并根据数据的整合结果预测新一轮消费热点,将产品信息和优惠活动精准投放给需求用户,为用户提供舒适、便利的个性化推荐服务。这样不仅可以极大地提升用户活跃度,还可以全面优化产品决策,充分挖掘大数据的商业价值,增加企业盈利点。

12.2.3 远程实时服务成为现实

在数字化时代,用户可以通过全息投影浏览产品,实现远程实时服务。目前,全息投影主要用于广告宣传和产品发布会中的展示,这可以为用户带来全新的感官体验。5G等先进技术则可以将这种感官体验实时传递给不在现场的用户,从而进一步扩大宣传的范围。

例如,某企业推出了一款新鞋子,若想打动用户,已经不能使用老套的"文字+图片"的策略,因为这种策略很难满足用户的心理需求。在这种情况下,企业需要寻求新的宣传手段进行产品展示,而全息投影就是一个很好的选择,其展示效果如图 12-2 和图 12-3 所示。

图 12-2 新鞋子的原图

图 12-3 新鞋子全息投影图

由图12-3可见，全息投影生动地展现了这款鞋子的特色，让其更加鲜活地出现在用户的眼中。在相对黑暗的环境下，全息投影可以利用红色的线条勾勒出鞋子的轮廓，使其形成相对立体的模型。当不同形状的图案交叠在一起时，有利于展现出企业对鞋子细节的设计，而且耀眼的红色也抓住了用户的关注点。

通过全息投影，在用户没有看到实物之前，甚至可以猜想鞋子的样子。鞋子不仅仅是用来穿的，也是一种理念的宣传。全息投影可以根据企业的需要，为产品量身打造从色彩、形状到表现形式都能符合用户偏好的设计。这样的设计可以突出产品的亮点，使产品得到更多用户的喜爱。企业也可以因此销售更多产品，获得更多利润。

全息投影在产品展示方面具有极其突出的优势。企业将想要推广、宣传的产品放在全息投影橱窗之中，可以凭空出现立体影像、360°旋转，更好地吸引用户的注意力。

与传统的产品展示不同，全息投影的产品展示能够运用生动的表现方式，赢得用户的喜爱。如果将全息投影应用于T台走秀中，还可以将模特的服装与走步刻画得十分美妙，让用户体验虚拟与现实相融合的梦幻感觉。

如今，全息投影的应用范围已经非常广泛，如商场与街头的橱窗中等。全息投影将打破空间的限制，使用户获得远程实时体验，更好地向用户展示各类产品。这样不仅能让用户更加了解产品，买到心仪的产品，还能给用户留下深刻的印象，有利于后期的大规模销售。

12.2.4　打通会员体系

随着流量型商业模式的沦陷，资本热度逐渐消退，提升用户规模的难度也越来越大，能够提升用户留存率、深度挖掘用户价值的会员体系也被重新推上高位。

会员体系的核心逻辑就是通过良好的交互设计、切实的会员权益、优质的激励系统，将处于流动状态的用户保留下来，并充分挖掘其商业价值。下面从多个维度出发，介绍如何建立数字化的会员体系，推动企业向用户驱动的发展方向迈进。

1. 会员中心的设计

会员中心是用户与企业之间的连接枢纽,优质的交互设计能极大地提升用户的品牌好感度,增强用户的品牌信任感。会员中心应将企业背景作为设计核心,充分考虑企业定位及用户偏好,使界面布局具有更高的合理性及交互性,全方位提升用户的使用体验。

2. 会员权益的设置

如今,产品同质化日益严重,为用户提供个性化、多元化的会员权益,可以显著增强品牌对用户的吸引力,从而极大地提升用户留存率。

会员权益不应该被企业自身限制,视频会员、购物代金券、服务体验券等第三方平台的增值服务也可以作为会员权益提供给用户。在全方位、多角度地对用户偏好进行分析后,针对用户的个性化需求设置的权益,势必获得更多赞誉。

3. 会员等级的划分

根据会员的忠诚度、活跃度、消费情况等数据进一步划分会员等级,这样可以帮助企业更准确、全面地进行会员评估。同时还可以为高等级的会员配置更高级别的权益,从而激起会员们的升级热情。此外,在划分会员等级后,便可以更有针对性地开展运营活动,挖掘会员的深层价值,实现投入产出比的最大化。

4. 积分系统的建立

积分系统作为一种常用的营销策略,可以有效增加用户的品牌记忆点,提升用户的品牌敏感度,保持用户黏性。企业可以根据品牌特性设置积分名称、使用规则、兑换方式、有效期限等,从而建立更完善、立体的积分系统。

同时,还可以定期举行如幸运转盘、每日答题等策略活动,让用户可以从活动中获取积分,从而有效提升用户积极性及转化率,进一步提升用户的品牌忠诚度。

在构建数字化会员体系后,就可以充分挖掘数据价值,发挥数据的业务指导作用。在掌握用户的消费习惯及偏好后,就可以更有针对性地对产品进行创

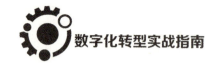

新、改良、营销。此外，数字化会员体系还可以帮助企业在提升宣传效果的同时，最大限度地降低运营成本，将会员数据转化为庞大的经济效益。

12.2.5 智能化的售后服务

好的品牌不能一味地向用户进行产品或品牌的输出，还要注重用户的反馈情况，对产品和宣传内容进行调整，真正地探寻用户需求。这就需要建立健全沟通机制，实现用户与品牌的连接。

传统的售后服务方式通常需要耗费大量的人工成本，不仅耗时耗力，还十分容易出现错误。如果短时间内需要接待大量的用户，极有可能无法为每位用户提供优质的服务，从而引起用户的不满。在这种情况下，构建智能化的售后服务体系就显得格外重要。

1. 整合零散信息

只有了解用户，才能为用户提供更好的服务。企业应该将全部用户信息统一记录在服务系统中，使服务人员可以随时、随地地调取产品及用户的相关信息。同时，还要在系统中添加大量的解决方案，帮助服务人员快速了解产品的参数、故障原因、维修进度等数据，进一步提升服务的质量和效率。

2. 合理分配工作

智能化的售后服务系统应该以服务流程为基础，将用户需求、仓库分布、备件库存等信息进行整合，从而形成协同业务，为用户制定最佳的售后服务方案。同时根据用户需求为其匹配最适合的工程师，根据用户的位置、预约时间、所需配件等信息为工程师规划最优的行动路线。

3. 深入分析数据

在服务过程中，企业需要将采集到的全部服务信息进行留存，并使用智能算法对这些数据进行全面、透彻的分析，生成可视化分析报告。这样不仅可以为后续的团队管理及战略决策提供有力支撑，还可以进一步完善服务方案，提升用户满意度及复购率。

4．服务过程透明

用户满意度是服务人员绩效最有力的评判指标。因此，在服务完成后，服务人员应该及时将服务报告上传至系统中，以便管理人员进行实时检测。同时，还可以为用户发放调查问卷，进一步了解服务人员的服务态度及专业程度。

市场竞争日益激烈，用户的获取成本也随之提高，企业对于用户黏性的增强、产品复购率的提升等问题也越来越重视。智能化的售后服务系统可以帮助企业节省管理成本、提高运营效率、提升服务品质，进一步唤醒用户的品牌认知和复购意识，成为企业建立竞争优势的最佳途径。

12.3　C端的数字化转型案例

每个企业实现数字化转型的路径各不相同，但万变不离其宗。下面以奈斯派索（Nespresso）、7 Fresh、快闪店、得物为例，详细讲解如何利用C端用户实现企业的数字化转型。

12.3.1　奈斯派索使用并整合系列渠道

渠道即企业将产品或服务提供给用户的方式。随着科技的发展，方便快捷的电子商务渠道已经逐渐成为主流，能为用户提供切身体验的传统渠道的力量也不容小觑。很多企业开始尝试对现有渠道进行创新，力求以最低的成本在最大限度上为用户提供最便利、最愉悦的购物及使用体验。

如今，越来越多的企业选择将那些电子渠道节省下来的管理费用用于开发实体线下店，全方位地抢占用户心智。许多大型企业在全国各地设立旗舰体验中心，许多中小型企业也会通过设立快闪店的方式加强用户的互动体验感。奈斯派索则更加与众不同，它将渠道进行一系列的整合，从而确保用户使用任意渠道都可以方便、快捷地享受产品及服务。

奈斯派索是雀巢公司旗下的高端咖啡品牌，主要经营胶囊咖啡机及相关产品，其产品操作简单、轻便小巧，受到了用户的广泛好评。

奈斯派索不仅在全球范围内开设了超过1500家各具特色的专卖店及咖啡

店，还与诸如梅西、布鲁明戴尔等百货公司进行合作，在其中开设了多家咖啡售卖亭。同时，奈斯派索还会为许多高档酒店、餐厅、航空公司提供高品质的庄园豆。除此之外，奈斯派索还开办了一家线上的咖啡俱乐部，为用户提供订购及库存提醒服务。

这种对于多渠道的整合与使用战略也极大地推动了奈斯派索的发展，使得奈斯派索的盈利能力出现了指数级的增长。

12.3.2　7 FRESH 培养全新的付款习惯

7 FRESH 是京东开放零售生态的首个线下实体店，承接了大量由京东自主研发的科技产品，极大地提升了用户的消费体验。试营业期间，7 FRESH 的日均客流量超 1 万人次；试营业首日，其同名 App 的注册人数与上线首日相比增长了 30 倍。

门店内的产品会在同名 App 上同步售卖，还为门店周边 3km 范围内的用户提供配送服务。为提高时效性，7 FRESH 应用了较为完善的拣货逻辑及悬挂链配送技术，当用户在 App 下单后，系统便会迅速生成最优的拣货方案，同时将产品进行打包并上传悬挂链，用户所需的产品在 5min 内便会传递至配送员手中。

7 FRESH 门店极具科技感，智能购物车可以自动跟随佩戴手环的用户；"魔镜"系统可以对水果的产地、甜度等信息进行溯源；智能补货系统可以精准预测产品的出售情况，并及时补充产品库存。

当然，最值得一提的还是 7 FRESH 在用户支付体验方面的升级。根据用户需求的不同，门店分别设置了无人收银台和人工收银台。扫描产品包装上的条形码后，无人收银台便会自动生成订单信息，用户核对无误后便可以选择刷脸支付。无人收银台的操作简便，而且极具体验感，适合那些购买数量较少的用户。

7 FRESH 的人工收银台也对传统的支付方式进行了创新，用户摇动手机 App 便会自动弹出支付二维码，App 也会自动为用户选择最优惠的支付方式。同时，智能购物车还可以自行前往结算通道排队并结算账单，用户只需在半小时内凭取货码前往服务台支付账单即可。这种支付方式使排队的对象由用户本人转变为与用户绑定的智能购物车,创造了人工收银台支付的新模式。

与传统的零售商店相比,7 FRESH 在产品的选择、采购、包装、成本控制等方面都形成了规模化、协同化的智能系统。不仅如此,7 FRESH 还打通了线上线下的各个环节,力求为用户打造舒适、便捷、个性化的消费场景。

12.3.3 快闪店实现"即看即买"

数字化转型迫在眉睫,越来越多的新兴模式被催生出来,快闪店就是其中比较具有代表性的一个。如果从字面意思理解,快闪店(Pop-up Store)的显著特点是临时性。

和之前固定于一个购物中心的销售方式相比,快闪店有很大不同。企业通常都会找一个合适的地址开设快闪店,然后在固定一段时间内在此销售产品。只要时间一到,快闪店就会被拆除。不过,快闪店被拆除后,企业往往还会在其他地方开设新的快闪店。

这种"销售几天产品,制造一些话题,把知名度打响,然后马上消失"的快闪店模式已经受到众多企业的青睐,逐渐成为数字化经营的新思路。之所以会出现这样的情况,主要是因为快闪店确实有不少优势,主要包括以下 3 点,如图 12-4 所示。

图 12-4 快闪店的 3 点优势

除了上述 3 点优势以外,快闪店的"迷人"之处还在于抓住了消费者的心理,包括对新事物的好奇心理、对限量版产品的追求心理等。

著名美妆品牌 Marc Jacobs 曾经开设一家快闪店,主要销售香水 Daisy。这家快闪店只营业了 3 天,消费者如果想在此期间购买产品,那就要把"社交参与"作为货币进行交换。换言之,消费者必须在自己的社交媒体上分享快闪店的照片,才可以顺利购买产品。

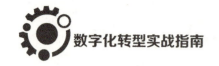

这家快闪店虽然在 3 天后被拆除了，但消费者拍摄并上传的照片依然留在了社交媒体上，引起了极高的讨论热度。经过此轮社交媒体推广，这家快闪店的知名度和影响力大幅度提高。

可见，对想要进行零售转型的企业来说，开设快闪店其实是一个不错的选择。不过，要想做好这件事也并没有那么容易，企业必须牢牢把握以下 4 个要点，如图 12-5 所示。

图 12-5 开设快闪店的 4 个要点

1. 选择合适的地址，抢占流量入口

企业要开设快闪店，创意虽然非常重要，但选址方面的考量也必不可少。如果地址选择不正确，那快闪店无论设计得多么有吸引力，也无法为企业带来好的销售业绩。从目前的情况看，画廊、手工艺集市、艺术馆似乎已经成为快闪店选址的新宠。综合地看，企业在选址时应该保证快闪店的自身定位与其所在地区的主力消费群体高度契合。

2. 通过社交媒体完成预热工作

在快闪店正式开张的前几个月，Marc Jacobs 就开始进行预热工作，举办了一场名为"粉丝拍摄时尚大片"的活动，获得了非常热烈的反响，报名人数超过了 7 万。Marc Jacobs 从这 7 万人中选出了 9 位进行秋季广告拍摄。这种预热工作除了有聚集人气的作用以外，还有宣传裂变的作用，可以让老用户带来更多新用户。

3．多摆放带有传播属性的产品

快闪店追求的并不是堆积更多产品，而是应该注重产品的传播属性。好多想开设快闪店的企业不知道应该准备多少产品，笔者认为可以使用二八法则：只把新品或限量版产品放在快闪店内。这样可以最大限度地获得年轻消费者的青睐。此外，将"潮""酷""炫"等具有社交传播属性的产品摆放在快闪店也是一个非常不错的选择。

4．加强与消费者的互动，提升消费体验

企业如果不能加强与消费者的互动，那快闪店的优势就无法体现出来。例如，爱马仕曾经在京都祇园町开设了一家快闪店，这家快闪店的设计灵感来自家用电器——洗衣机，可以为消费者提供免费清洗丝巾的服务。自开设以来，这家快闪店就获得了大量好评。

企业如果想开设一家成功的快闪店，就要脱离销售概念，将重心放在线下展示、消费者参与、产品体验、优质服务、专业咨询、定制生产等多个方面。一旦消费者通过快闪店获得了满意的消费体验，就会加深对品牌、产品以及企业的好感，从而再次产生消费需求。

12.3.4 得物 App 升级"他经济"

2020年年初，小红书社区生态负责人公开透露了2019年的用户数据，与前一年相比，小红书的活跃用户出现了 4.4 倍的增长。同时，男性活跃用户出现了 14.5 倍的增长。

近几年，在各大厂商的精耕细作下，女性群体的市场格局已经趋于完善，许多企业开始寻找转型的方向。这时，同样拥有极大购买力的男性群体得到了越来越多的关注，"他经济"的发展也迎来了黄金机遇期。

波士顿咨询曾对我国男性消费群体进行过深入的调查研究，报告指出，无论是线上还是线下，男性消费者的数量都显著高于女性，其年均消费金额已经显著高于女性。不仅如此，《中国奢侈品网络消费白皮书》显示，虽然购买网络奢侈品的女性略多于男性，但男性的客单价及回购比例都高于女性群体。

2020年1月1日品牌升级计划启动，潮流电商平台"毒"也正式更名为"得

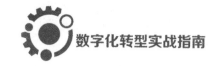

物"。这个平台起源于虎扑,最早只是一个用户间的信息交流平台,随着许多专业玩家的入驻,得物便开始提供鞋类的有偿鉴定服务。以虎扑的生态社群为基础,得物在短时间内获得了大量的精准用户,成立未满两年,得物就完成了商业闭环,正式上线了购买功能及互动社区功能。2020年8月,上海市公布"百强成长企业"名单,得物高居榜首。

如今,得物已经成为最大的男性潮流社区平台,它将潮流服饰的销售作为主营业务,同时还为用户提供配套的鉴别服务。其用户多为年轻一代的潮流文化爱好者,其中,男性用户约占用户总数的60%。

此外,悬赏机制极大地提升了用户原创内容的质量,智能算法也为用户推送了更多精准、优质的内容。大量的潮流文化爱好者聚集于此,许多用户都会在生态社区内进行购物、穿搭的分享,进一步提升了得物的营业收入。

"他经济"也是近些年消费市场的新趋势,目前的供给情况仍无法满足男性消费群体的市场需求。男性群体的购物逻辑更偏理性,他们在购物时更看重产品的性能、性价比等硬核特性。企业完全可以将其作为切入点,充分考虑男性群体的实际需求,为男性消费者提供更具针对性的"他服务"模式。

随着经济实力的提升及消费理念的转变,男性群体的物质需求也得到了进一步提升。企业也应该把握住时代的浪潮,通过数字化转型加强与用户间的链接,全面提升企业的市场竞争力,促进企业的高质量发展。